追迹文明

新中国河南考古七十年

河南省文物局　主编

河南省文物考古研究院
郑州博物馆　编著

科学出版社
北京

内 容 简 介

新中国成立70年来，河南考古发现和研究硕果累累，如安阳殷墟、郑州商城遗址、偃师二里头遗址、舞阳贾湖遗址、灵井许昌人旧石器遗址、栾川孙家洞遗址等均有重大发现。作为中华文明形成和发展的核心地带，河南是多个国家级考古学重大学术研究课题的研究重心所在，如夏商周断代工程、中华文明探源工程等。

本书通过110个遗址的上千件（套）文物，包括一二级珍贵文物196件（套），集中展示了新中国成立70年来河南考古和文物保护工作的丰硕成果和辉煌历程，这些遗迹遗物对于构建中原考古学文化的完整序列及中华文化多元一体格局的形成研究均具有重要的意义。

本书适合于考古学、历史学及相关学科的研究者、爱好者参考和阅读。

图书在版编目（CIP）数据

追迹文明：新中国河南考古七十年：全2册 / 河南省文物局主编；河南省文物考古研究院，郑州博物馆编著. — 北京：科学出版社，2021.10

ISBN 978-7-03-069997-8

Ⅰ. ①追… Ⅱ. ①河… ②河… ③郑… Ⅲ. ①考古工作－河南 Ⅳ. ①K872.61

中国版本图书馆CIP数据核字(2021)第203605号

责任编辑：张亚娜 / 责任校对：郭瑞芝
责任印制：肖 兴 / 书籍设计：李猛工作室

科学出版社 出版
北京东黄城根北街16号
邮政编码：100717
http://www.sciencep.com

北京雅昌艺术印刷有限公司 印刷

科学出版社发行 各地新华书店经销

*

2021年10月第 一 版 开本：889×1194 1/16
2021年10月第一次印刷 印张：32 插页：2
字数：920 000

定价：468.00元（全二册）

（如有印装质量问题，我社负责调换）

7 秦汉魏晋南北朝考古

[大一统国家的巩固与民族融合]

秦朝
是由战国时期的秦国发展起来的
中国历史上第一个大一统王朝，
中央集权制度的建立，
奠定了中国 2000 余年政治制度的基本格局
和以后历代王朝的统治基础。
汉朝则是继秦朝之后的又一大一统王朝，
河南则在东汉时期成为帝国政治、经济、文化中心，
考古资料最为丰富，
各地文博部门也以汉代文物藏品为大宗。
七十年来，
河南发现了汉代都邑、帝王陵墓、大批中小型汉墓群、
农庄聚落遗址、冶铁遗址、漕运遗址、汉画像砖石、
壁画以及建筑明器等特色遗存。
安阳西高穴曹操高陵、洛阳西朱村曹魏大墓、
内黄三杨庄汉代居址等一系列重大发现，
引起了全国考古界和全社会的注目。

汉魏洛阳城遗址

汉魏洛阳故城是中国古代最重要的都城遗址之一，先后曾经作为东周、东汉、曹魏、西晋和北魏等朝代的王都或国都。它的城市建筑历史与形制布局沿革变化，多为后世城市建设所遵循，在中国古代都城发展史上极为重要，起到承前启后的作用。自20世纪60年代以来，中国社科院考古研究所汉魏洛阳故城工作队对遗址进行了长期的考古调查、勘探与发掘工作，基本明确了汉魏洛阳故城的范围、布局。

21世纪以来，汉魏洛阳城北魏宫城的一系列考古工作取得新进展，永宁寺、阊阖门、太极殿等遗址的发掘进一步明确了北魏洛阳城的建筑布局和形制演变。太极殿的发掘证实了文献记载曹魏新建的洛阳宫是一座居北居中的单一宫城，由此也确认了中国古代由汉代多宫制到以后各代居北居中单一宫城形制的转变时间，由以前认为的南北朝时期提早到三国曹魏时期，这是都城发展史上具有重要意义的崭新认识。始建于曹魏时期的太极殿，是中国历史上第一座“建中立极”的宫城正殿，其创建的宫室制度及都城格局，开创了中国及东亚古代都城布局的一个新时代，不仅为隋唐大一统强盛王朝的诞生和沿承发展奠定了基础，而且文化面貌影响到更广泛的整个东亚地区。

汉魏洛阳故城宫城区鸟瞰

汉魏洛阳故城太极殿北侧廊房与宫门

永城芒砀山梁国王陵与寝园

西汉梁孝王及其以后各代梁王及王室的陵墓位于河南省永城市东北芒砀山，亦称“芒砀山汉墓”。共发现西汉大型陵墓14座，包括大型崖洞墓和竖穴石坑墓，还有一些陪葬墓。根据分布情况，可分为保安山、僖山、夫子山3个陵区。其中保安山1号和2号墓分别是梁孝王和其王后之墓。王后墓全长210米，室内平面面积1600平方米，容积约达6500立方米。由东西两个墓道、前庭、三个甬道、三十个侧室和两个主室组成。规模之宏伟，形制之复杂，是迄今国内发现的最大石室陵墓。

梁孝王寝园位于梁孝王墓和后墓之间的台地上，平面呈长方形，四周有墙，寝园内面积约3916平方米。分前、后及附属建筑三部分。前部以寝殿为中心，四周有回廊环绕，是整个寝园的主体建筑。寝园后部是以“堂”为主的建筑群，辅以排房、庖厨、院落等建筑。

柿园汉墓的墓主是梁共王，墓中发现“四神云气图”壁画，总面积达30平方米，主要内容为龙、白虎、朱雀、灵芝及云气纹等组成的图案，整幅壁画简约抽象，充满流动之势，历史艺术价值极高，填补了中国西汉时期壁画的空白，是中国目前发现的年代最早、墓葬级别最高的墓葬壁画珍品，更是一部承载西汉初年中国神仙思想的壮丽史诗，被赞誉为“敦煌前之敦煌”。

永城芒砀山梁孝王寝园五号院基址

僖山汉墓出土了大量的精美玉器，出土金缕玉衣一件，是继河北满城汉墓之后第二次出土比较完整的金缕玉衣。

1996 年 11 月，汉梁王墓群被国务院公布为第四批全国重点文物保护单位。

西汉梁国王陵是目前我国发现的比较完整、比较集中的汉代诸侯王陵墓区群。梁孝王寝园是河南迄今发掘的唯一一处保存完整的汉代寝园建筑基址，规模大、等级高，为研究汉代建筑和陵寝制度提供了重要资料。

永城芒砀山梁孝王陵寝园测绘现场

永城保安山二号墓石棺床及甬道

鎏金龙首纹钩饰

西汉

长 6 厘米

永城市保安山西汉墓出土

现藏于河南博物院

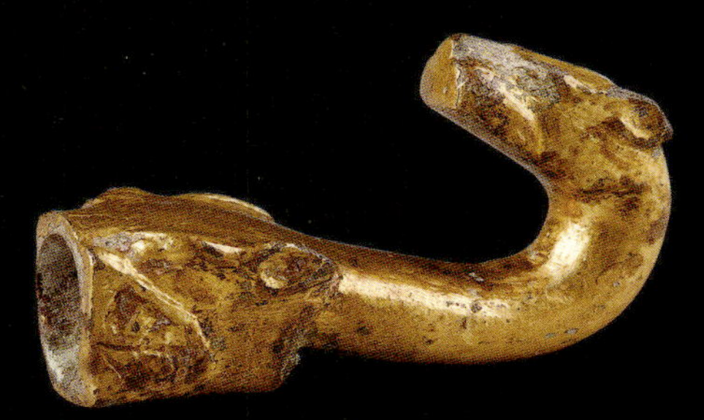

鎏金团兽形节约

西汉

直径 4.1 厘米

永城市保安山西汉墓出土

现藏于河南博物院

西汉兽首形鎏金盖弓帽

西汉

长 9.2 厘米，宽 3.6 厘米，

筒径 1.8 厘米，帽径 3.3 厘米

永城市保安山二号墓一号坑出土

现藏于河南博物院

西汉飞马纹鎏金铜当卢

西汉

长 21.3 厘米，最宽 7 厘米，厚 0.3 厘米

永城市保安山二号墓一号陪葬坑出土

现藏于永城市博物馆

鎏金绳纹铜马衔

西汉

长 21.5 厘米

永城市保安山西汉墓出土

现藏于河南博物院

禽兽纹错金银铜车軎及铁辖

西汉

高 4.5 厘米，里端径 5.5 厘米，外端径 4 厘米

永城市黄土山二号墓西车马室出土

现藏于永城市博物馆

错金银瑞兽纹衡末轭首铜饰

西汉

高 3.5 厘米，直径 3.3 厘米

永城市黄土山二号墓前室出土

现藏于永城市博物馆

鎏金划线云纹案栏

西汉

长 18.2 厘米，宽 15.3 厘米，厚 3.5 厘米

永城市保安山西汉墓出土

现藏于河南博物院

谷纹青玉璧

西汉

直径 15.6 厘米，孔径 5.8 厘米，厚 0.4 厘米

永城市窑山一号墓出土

现藏于永城市博物馆

鞢形玉佩

西汉
长 5.9 厘米，宽 5 厘米，厚 0.36 厘米
永城市黄土山二号墓出土
现藏于永城市博物馆

云纹玉觿

西汉
长 9.4 厘米，宽 2.4 厘米，厚 0.45 厘米
永城市黄土山二号墓出土
现藏于永城市博物馆

白玉浮雕螭纹剑格

西汉

长 5.7 厘米，宽 1.9 厘米，最厚 2.2 厘米

永城市僖山西汉墓出土

现藏于河南博物院

白玉勾连云纹剑饰

西汉

长 6.6 厘米，宽 4.4 厘米，最厚 1 厘米

永城市僖山西汉墓出土

现藏于河南博物院

内黄三杨庄遗址

三杨庄遗址位于安阳市内黄县梁庄镇三杨庄村北。2003 年 6 月开挖硝河引黄工程时发现。在 100 万平方米考古钻探范围内，已发现 14 处汉代庭院遗址及道路、水塘、农田等遗迹，其中最大 1 处达 1 万余平方米，已对 1—4 号庭院遗址进行清理，清理面积 9000 余平方米，出土了铁犁铧、陶豆、石杵、石臼等汉代遗物。

2006 年 5 月，内黄三杨庄遗址被国务院公布为第六批全国重点文物保护单位。

在全国范围内，汉代城址以外的聚落遗址发现极少，内黄三杨庄汉代聚落遗址是汉代聚落考古的重大发现，首次再现了汉代农业乡里的真实景象，为研究汉代的基层社会组织结构提供了绝好的实物资料，所揭示的汉代中下层民众生产、生活状况的庭院与生活环境，填补了考古学研究的空白。首次发现的大面积汉代耕作农田遗迹，也为研究汉代农耕文明、耕作制度及土地分配制度等提供了第一手资料。这些保存较为完好的汉代民居建筑实物遗存，为研究汉代一般民居建筑及其工艺技术等也提供了新颖的实物资料，同时也为黄河河道变迁等黄河水文史方面的研究提供了重要的考古资料。

安阳市内黄县三杨庄遗址第一处庭院主房

安阳市内黄县三杨庄遗址第二处庭院西侧水塘

安阳市内黄县三杨庄遗址第三处庭院西侧田垄

安阳市内黄县三杨庄遗址第四处庭院周围树木痕迹

洛阳烧沟汉墓

洛阳烧沟汉墓位于洛阳市烧沟村，墓地面积 27 万多平方米。1952—1953 年，中华人民共和国文化部、中国科学院考古研究所、河南省文化局等单位联合对烧沟汉墓进行发掘，共发掘汉代墓葬 225 座。

烧沟汉墓发掘的墓葬均为洞室墓，多数为土洞墓，少数为砖室墓。墓葬分为六期：第一期墓葬墓室为平顶，一般较狭小。部分墓的墓室用空心砖砌筑，其余则为土洞墓。墓室前端的一侧凿有简陋的耳室，墓道为长方形竖井式，墓门多数向南。第二期墓室亦为平顶，较第一期宽大，多数为空心砖墓，墓室前端的一侧或两侧有耳室，墓门多数向北。第三期墓室绝大多数为弧形顶，墓室多用小砖券筑或用小砖铺地，空心砖只用作部分墓的墓门栏额，耳室增多，数量不等，墓门无一定方向。第四期墓室可分为前室和后室两部分，前室作穹隆顶，后室仍为弧形顶，前室多数为土洞，后室多用小砖砌筑或用小砖铺地，耳室多数为 1 对，墓道和墓室之间都有甬道，部分墓道在竖井墓道前加凿阶梯状墓道。第五期墓葬形制多数和第四期相同。第六期多为土洞墓，前室平面多数为横长方形，规模较大的墓使用斜坡式墓道，较小的墓仍沿用竖井或竖井附阶梯墓道。

墓葬中出土了大量铜钱、铜镜、青铜礼器、金银器、陶器、铁器、丝织品等随葬品，时代从西汉中期延续至东汉晚期。墓主人的身份，除东汉晚期几座较大型的墓可能属于当时的豪门贵族外，多数墓葬的墓主应为一般官吏及其眷属。

洛阳烧沟汉墓的发掘成果于 1959 年出版，名为《洛阳烧沟汉墓》，根据墓葬形制以及墓中所出陶器等主要随葬品的组合和类型的演变情况，将烧沟汉墓划分为六期：第一期属西汉武帝时期；第二期属昭帝时期；第三期属宣帝至新莽及其稍后；第四期为东汉早期；第五期为东汉中期；第六期为东汉晚期。这批墓葬的发掘和研究，建立了洛阳以及中原地区汉墓年代的序列，对研究汉代的社会生活和物质文化，具有重要的意义。

郑州古荥冶铁遗址

郑州古荥汉代冶铁遗址位于郑州市古荥镇，遗址南北长 400 米，东西宽 300 米，总面积为 12 万平方米。1965 年文物调查时发现该遗址。

1975 年，郑州市文物部门在古荥镇对古荥冶铁遗址冶炼区进行了首次考古发掘，发现东西并列的两座大型炼铁炉炉基、炉底积铁，还有水井、水池、四角柱坑、船形坑等冶铁配套设施以及矿石场、烘范窑、炉渣坑。这次发掘还出土大量陶范、陶器、铁器等。在陶模和铁器上刻铸有“河一”铭文，证明这处冶铁作坊应为西汉中晚期河南郡一号冶铸作坊。

郑州市古荥冶铁遗址 2015 年发掘现场

郑州市古荥冶铁遗址 1 号炉

郑州市古荥冶铁遗址发现的大型积铁块

2015 年 8 月至 2016 年 6 月，为配合荥阳故城遗址公园建设，郑州市文物考古研究院与郑州市古荥汉代冶铁遗址博物馆对冶铁区南部进行考古发掘，揭露面积 1250 平方米，清理出东西并列的长廊型房基两座以及水井、窑址、水池等，并对船形坑进行复挖和解剖。

2001 年 6 月，古荥冶铁遗址被国务院公布为第五批全国重点文物保护单位。

1975 年发现的两座大型椭圆形的炼铁炉基是迄今为止国内已发现的年代最早、规模最大、结构保存最完整的，并且是首次经过科学、系统考古发掘的椭圆形冶铁竖炉炉基，使得人们对汉代发达的冶铁手工业的发展水平有了全新的认识。

鲁山望城岗冶铁遗址

望城岗冶铁遗址位于平顶山市鲁山县城南部，现存遗址范围东西最长 1100 米，南北最宽 420 米，总面积约 33.5 万平方米。2000 年 11 月至 2001 年 1 月，为配合鲁山县南环路建设，河南省文物考古研究所及鲁山县文物管理委员会对望城岗冶铁遗址进行考古发掘，发现了一座汉代特大型炼铁炉，是继 20 世纪 70 年代郑州古荥汉代冶铁遗址一号炉与二号炉炉基的发掘之后，汉代冶铁史上又一重大考古发现。该遗址发现的特大椭圆冶铁高炉炉基及其附属系统遗迹，在技术和设计上出现了许多前所未有新特点，尤其是炉缸的改建痕迹，显示了当时的工匠对冶炼规律的认识与实施过程，为中国古代竖炉的发展和演变过程提供了鲜明的实物例证，填补了中国冶铁史的空白。

2017—2018 年，经过勘探和发掘表明，该遗址分为东、西两个区域，东区面积较大，西区相对较小，二者之间有近 300 米的区域仅发现少量遗迹。从目前的资料来看，东、西两区单独成系统，相关生产环节基本具备，二者兼有冶炼和铸造功能，说明该遗址是一处典型的集冶炼和铸造为一体的大型综合性冶铁作坊。加之 2000 和 2001 年在遗址东区发现有“阳一”“河□”“六年”等铭文的泥模范，表明该遗址与南阳郡和河南郡大型铁官作坊之间存在密切联系。

1963 年 6 月，望城岗冶铁遗址被公布为河南省第一批文物保护单位。2006 年 5 月，该遗址被国务院公布为第六批全国重点文物保护单位。

鲁山望城岗 2001 年度发掘特大炼铁炉和积铁块

鲁山望城岗冶铁遗址 2018 年度出土鼓风嘴

鲁山望城岗冶铁遗址 2018 年度出土犁铧范模

洛阳东汉帝陵考古

东汉王朝建造了 12 座帝陵，其中 11 座分布在洛阳附近，并分为南、北两个陵区。北陵区即邙山陵区，位于洛阳城之西北的邙山，今洛阳市孟津县境内，分别为光武帝原陵、安帝恭陵、顺帝宪陵、冲帝怀陵、灵帝文陵 5 陵；南陵区即洛南陵区，位于洛阳城之东南、万安山北麓，今洛阳市伊滨区与偃师市境内，分别为明帝显节陵、章帝敬陵、和帝顺陵、殇帝康陵、质帝静陵、桓帝宣陵 6 陵。

偃师白草坡东汉帝陵陵园遗址位于洛阳市偃师庞村镇白草坡。该遗址南北长 380 米，东西宽 330 米，遗址内有夯土墙、房屋基址，出土了云纹瓦当、绳纹板瓦等建筑构件。这是洛阳首次发现帝陵陵园遗址，为邙山陵墓群的研究与保护提供了宝贵的实物资料。

孟津朱仓东汉陵园遗址位于洛阳市孟津县平乐镇朱仓村西、连霍高速公路的南北两侧。该遗址墓冢封土规模庞大，周围有大范围的建筑遗存，出土器物有陶器、铁器、铜器、瓷器、玉器、石器、银器等。朱仓东汉帝陵陵园遗址是继郑西铁路白草坡东汉帝陵陵园遗址之后东汉帝陵考古一次更重要的新发现。

东汉时期是我国古代陵寝制度的确立时期，较西汉有了较大的变革。从明帝显节陵开始，不置陵邑，不建庙；陵园四周不筑垣墙，改用“行马”；覆斗形封土改为圆形，四条墓道改为南向单一墓道，竖穴木椁改为砖室；寝殿和管理陵园的官府吏舍都建在陵园的东侧；东汉帝陵也有很多陪葬墓。陵冢前建石殿，这种布局对后世陵墓影响很大。

洛阳朱仓东汉陵园遗址 1 号台基全景

铜顶针

东汉

直径 1.9 厘米

洛阳市偃师白草坡村东汉帝陵陵园遗址出土

现藏于洛阳博物馆

铜铺首衔环

东汉

长 3.4 厘米，宽 4 厘米，厚 0.8 厘米

洛阳市偃师白草坡村东汉帝陵陵园遗址出土

现藏于洛阳博物馆

铁带钩

东汉

长 8.5 厘米

洛阳市偃师白草坡村东汉帝陵陵园遗址出土

现藏于洛阳博物馆

铁权

东汉

直径 6.5 厘米，高 6 厘米

洛阳市偃师白草坡村东汉帝陵陵园遗址出土

现藏于洛阳博物馆

“一刀平五千”铜钱

汉

长 7 厘米，宽 2.78 厘米

洛阳市孟津朱仓东汉陵园遗址出土

现藏于洛阳市文物考古研究院

玉剑璏

曹魏

长 6 厘米，宽 2.5 厘米，高 1 厘米

洛阳市孟津朱仓东汉陵园遗址出土

现藏于洛阳市文物考古研究院

筒瓦

东汉

长 53 厘米，宽 16 厘米

洛阳市孟津朱仓东汉陵园遗址出土

现藏于洛阳市文物考古研究院

小浪底水库东汉漕运建筑基址

为配合黄河小浪底水利枢纽工程建设，1998 年 3—9 月和 1999 年 3—9 月，洛阳市第二文物工作队对黄河南岸的小浪底水库东汉漕运建筑基址（即汉函谷关仓库建筑遗址）进行考古调查与发掘，发掘遗址主体建筑及窑址、墓葬区、附属建筑基址、其他生活设施等，共计发掘面积 17000 平方米。主体建筑南北长 179 米，东西宽 35 米，由城垣、通道、柱础石、路面等遗迹组成，遗物主要为泥质灰陶板瓦、筒瓦和“关”字瓦当等。建筑基址的使用年代为西汉中期至东汉，其形制与汉长安城内的武库和渭河南岸同时期的京师仓有相似之处，为我国古代建筑、黄河漕运、军事守备等多方面的研究，提供了宝贵资料。

卷云纹瓦当

东汉

长 18.5 厘米，宽 14.5 厘米

洛阳市小浪底水库东汉漕运建筑基址出土

现藏于洛阳市文物考古研究院

“关”字瓦当

汉

直径 14.5 厘米，厚 3.5 厘米

洛阳市小浪底水库东汉漕运建筑基址出土

现藏于洛阳博物馆

济源市桐花沟汉墓

桐花沟墓地位于济源市轵城镇南 1 千米的桐花沟村东，北距轵国故城西南角约 500 米。1991 年，为配合焦枝铁路复线电气化改造工程建设，河南省文物考古研究所对桐花沟墓地进行大规模发掘，共发掘战国秦汉墓葬 108 座，出土大量遗物。其中 10 号墓出土的彩绘陶多枝灯造型精美。

彩绘陶多枝灯

东汉

高 110 厘米

济源市桐花沟汉墓 M10 出土

现藏于河南省文物考古研究院

安阳西高穴曹操高陵

曹操高陵位于安阳市安阳县安丰乡西高穴村，2006—2008 年，此墓葬多次被盗，当地公安部门先后破获四起对此墓葬的盗掘案件。2008 年 12 月至 2009 年 12 月，河南省文物考古研究院对此墓葬进行抢救性发掘。陵园主要由内外周夯土基槽、神道、东部建筑和南部建筑等 5 个部分组成。曹操陵墓位于陵园中心偏南，平面为“甲”字形，坐西向东，是一座带斜坡墓道的多室砖券墓。虽然经过多次盗掘，但是仍出土了一批文物，包括陶质模型明器、铁甲、铁剑、玉珠、刻铭石牌等，其中刻有“魏武王常所用格虎大戟”等内容的多件圭形石牌极为珍贵，为研究确定墓主身份提供了直接而重要的依据。

2013 年 5 月，安阳高陵被国务院公布为第七批全国重点文物保护单位。

曹操高陵是目前第一例经过科学发掘并被确认的东汉时期诸侯王陵园，其结构和布局所反映出来的丧葬礼制特征，为研究东汉时期诸侯王陵寝制度以及其在汉魏时期的演变提供了新的线索，在中国丧葬制度演化的历史上占有重要地位，对我们全面了解中国丧葬制度的演化过程具有不可或缺的作用。

曹操高陵航拍照片

曹操高陵门槽及门轴痕迹

曹操高陵前室

曹操高陵石牌出土时的情景

酱釉瓷罐

曹魏

口径 9.8 厘米，腹径 15.9 厘米，

底径 11.1 厘米，高 14.1 厘米

安阳市曹操高陵出土

现藏于河南省文物考古研究院

陶鼎

曹魏
口径 9.8 厘米，腹径 18.8 厘米，
腹深 10 厘米，足高 6.7 厘米，
耳高 7.5 厘米，通高 16.8 厘米
安阳市曹操高陵出土
现藏于河南省文物考古研究院

圆形多子槅

曹魏

外径 23.8 厘米，盒身高 4.8 厘米，

足高 1.1 厘米，通高 7.1 厘米

安阳市曹操高陵出土

现藏于河南省文物考古研究院

陶耳杯

曹魏

口长径 8 厘米，短径 6.3 厘米

安阳市曹操高陵出土

现藏于河南省文物考古研究院

陶井

曹魏

井口直径 8.5 厘米，底部直径 16.1 厘米，

井台直径 27.1 厘米，井台高 5 厘米，

井亭高 26.5 厘米，通高 35.2 厘米

安阳市曹操高陵出土

现藏于河南省文物考古研究院

“香囊卅双”石牌

曹魏

长 8.4 厘米，宽 4.8 厘米，

厚 0.8 厘米

安阳市曹操高陵出土

现藏于河南省文物考古研究院

铜带钩

曹魏
安阳市曹操高陵出土
现藏于河南省文物考古研究院

鎏金铜盖弓帽

曹魏
长 7.15 厘米
安阳市曹操高陵出土
现藏于河南省文物考古研究院

鎏金银铺首衔环

曹魏
宽 4.2 厘米，高 3.5 厘米
安阳市曹操高陵出土
现藏于河南省文物考古研究院

铁剑残块

曹魏

剑身宽 3.1—3.8 厘米，中部厚 1.3 厘米，残长 21 厘米

安阳市曹操高陵出土

现藏于河南省文物考古研究院

铁铠甲片

曹魏

安阳市曹操高陵出土

现藏于河南省文物考古研究院

曹休墓

曹休墓位于洛阳市孟津县宋庄乡三十里铺村东南，2009 年 4 月连霍高速扩建工程考古钻探时发现。2009 年 5 月，洛阳市第二文物工作队对其进行发掘，该墓葬为长斜坡墓道砖券多室墓，由墓道、甬道、耳室、前室、后室、北侧室、南双侧室等组成。墓内出土陶器、铜器、铁器、金银器等，其中 1 枚铜印篆书白文“曹休”二字。曹休墓出土的随葬器物和墓葬形制为东汉和曹魏时期墓葬的分期提供了标尺。

鎏金铜铺首

曹魏

长 5 厘米，宽 4.5 厘米

洛阳市连霍高速洛阳服务区曹休墓出土

现藏于洛阳市文物考古研究院

铜杈

曹魏

直径 5 厘米，宽 3.3 厘米

洛阳市连霍高速洛阳服务区曹休墓出土

现藏于洛阳市文物考古研究院

洛阳西朱村曹魏大墓

洛阳西朱村曹魏大墓位于洛阳市洛龙区，地处万安山北麓的缓坡上，西侧距曹魏时期圜丘遗址约 2.5 千米。2015 年 7 月，西朱村村民迁坟过程中发现该墓，洛阳市文物考古研究院随即对墓葬进行勘查。2015 年 8 月至 2016 年 12 月，洛阳市文物考古研究院对墓葬进行抢救性发掘，同时对墓葬周边进行了大规模的考古调查和勘探，以期解决墓葬的陵园建筑和陪葬墓等相关问题。该墓由墓道、甬道、前室、后室组成。墓葬出土遗物有陶器、铁器、铜器、漆木器、骨器和玉石器等共计 500 余件。陶器有俑、鸡、狗、猪、灶、井、磨、房、四系罐、盘、勺、炉、灯等，另外出土了数件铁质帐构和 8 件石质帐座，石璧 4 件，石圭 1 件。墓内还出土了大量刻铭石牌，石牌为平首斜肩六边形，上部有一圆形穿孔，一面有隶书阴刻的文字，文字内容为随葬品的清单，内容丰富，包括衣衾、葬仪、器用、陈设、文房用具、梳妆用具及饰品、食物、戏具、杂具等十几个门类，石牌的尺寸及书写内容、格式和“曹操墓”所出刻铭石牌相似。对该墓周边进行钻探，发现包含该墓在内的三座墓葬，均未发现封土痕迹，其周边也未发现建筑遗址，与文献中曹魏时期“不封不树”、不设陵寝的记载相符。

2019 年 10 月，西朱村曹魏墓被国务院公布为第八批全国重点文物保护单位。

曹魏政权存在时间短，这一时期的墓葬在全国范围内发现较少。此次考古发现为曹魏时期墓葬的认定、墓葬的分期断代、墓葬形制和器物类型的演变等问题的研究提供了重要的资料，并为曹魏帝陵制度的研究提供了重要的参考。

洛阳西朱村曹魏墓 M1 墓道

洛阳西朱村曹魏墓 M1 前室

陶三足灯座

曹魏

长 9 厘米，高 3 厘米

洛阳市西朱村曹魏墓出土

现藏于洛阳市文物考古研究院

陶器

曹魏

长 23 厘米，宽 15 厘米，高 8 厘米

洛阳市西朱村曹魏墓出土

现藏于洛阳市文物考古研究院

彩绘陶侍俑

曹魏
宽 10 厘米，高 21 厘米
洛阳市西朱村曹魏墓出土
现藏于洛阳市文物考古研究院

陶猪

曹魏
长 10 厘米，宽 4 厘米，高 4.5 厘米
洛阳市西朱村曹魏墓出土
现藏于洛阳市文物考古研究院

陶鸭

曹魏

长 10 厘米，宽 6.2 厘米，高 18.5 厘米

洛阳市西朱村曹魏墓出土

现藏于洛阳市文物考古研究院

铅饰

曹魏

长 2.8 厘米，宽 2.8 厘米，厚 1 厘米

洛阳市西朱村曹魏墓出土

现藏于洛阳市文物考古研究院

“白画骑羊儿一”石牌

曹魏

长 8 厘米，宽 4.5 厘米

洛阳市西朱村曹魏墓出土

现藏于洛阳市文物考古研究院

“肉兜一”石牌

曹魏

长 8 厘米，宽 4.5 厘米

洛阳市西朱村曹魏墓出土

现藏于洛阳市文物考古研究院

“丰合淳金杯
槃谷一柙自副”石牌

曹魏

长 8 厘米，宽 4.5 厘米

洛阳市西朱村曹魏墓出土

现藏于洛阳市文物考古研究院

玉臂鞲

曹魏

长 9.2 厘米，宽 5.3 厘米，厚 2.3 厘米

洛阳市西朱村曹魏墓出土

现藏于洛阳市文物考古研究院

琥珀兽雕件

曹魏

长 2 厘米，宽 2.5 厘米，高 2.5 厘米

洛阳市西朱村曹魏墓出土

现藏于洛阳市文物考古研究院

琥珀骑羊儿雕件

曹魏

长 3 厘米，宽 1.5 厘米，高 3 厘米

洛阳市西朱村曹魏墓出土

现藏于洛阳市文物考古研究院

石璧

曹魏

直径 12 厘米

洛阳市西朱村曹魏墓出土

现藏于洛阳市文物考古研究院

石圭

曹魏

长 21.2 厘米，宽 6 厘米

洛阳市西朱村曹魏墓出土

现藏于洛阳市文物考古研究院

归义胡王金印

西晋

长 2.3 厘米，宽 2.3 厘米，高 2.6 厘米

洛阳市孟津县常袋卫生院杨金五捐

现藏于洛阳博物馆

永宁寺遗址

北魏是佛教在中国繁盛发展的重要时期，《洛阳伽蓝记》记载北魏洛阳有佛寺一千三百六十七所。永宁寺是一座以佛塔为中心的佛寺，是专供皇帝、太后礼佛的场所，永宁寺塔即是永宁寺中心的佛塔，塔为木结构，高九层一百丈，百里外都可以看见，始建于孝明帝熙平元年（516 年），由笃信佛法的灵太后胡氏主持修建，规模之宏大为洛阳千寺之冠。永熙三年（534 年），该塔被雷电击中引发大火焚毁。1963 年，中国社科院考古研究所洛阳工作队对永宁寺遗址进行了勘探，基本确认遗址的平面布局。1979 年，工作队对遗址进行全面发掘，在永宁寺塔基中出土了大量泥塑像，另有石雕，瓦、瓦当等建筑构件以及珍珠、玛瑙、水晶、象牙、铜钱等。泥塑像主要为菩萨、比丘及供养人像，其工艺精湛、形象生动典雅，是佛教艺术流传中原后产生的作品。

永宁寺的建筑布局以佛塔为中心，佛事活动也以佛塔为中心，对永宁寺的发掘为研究北魏时期的佛教建筑提供了材料。

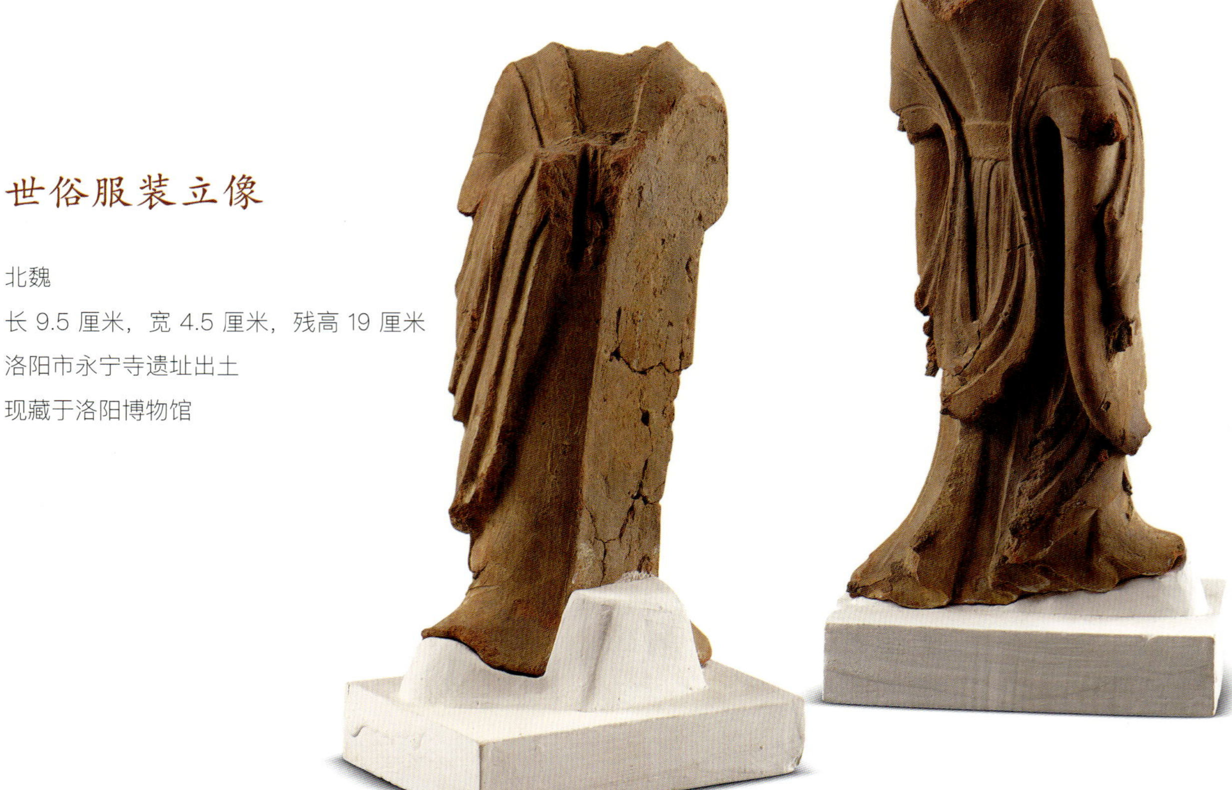

世俗服装立像

北魏

长 9.5 厘米，宽 4.5 厘米，残高 19 厘米

洛阳市永宁寺遗址出土

现藏于洛阳博物馆

世俗服装立像

北魏

长 7.5 厘米，宽 5.6 厘米，残高 16.6 厘米

洛阳市永宁寺遗址出土

现藏于洛阳博物馆

衣纹

北魏

长 11 厘米，宽 7.8 厘米，残高 15.5 厘米

洛阳市永宁寺遗址出土

现藏于洛阳博物馆

无托板坐像

北魏

长 13.5 厘米，宽 7.5 厘米，残高 15 厘米

洛阳市永宁寺遗址出土

现藏于洛阳博物馆

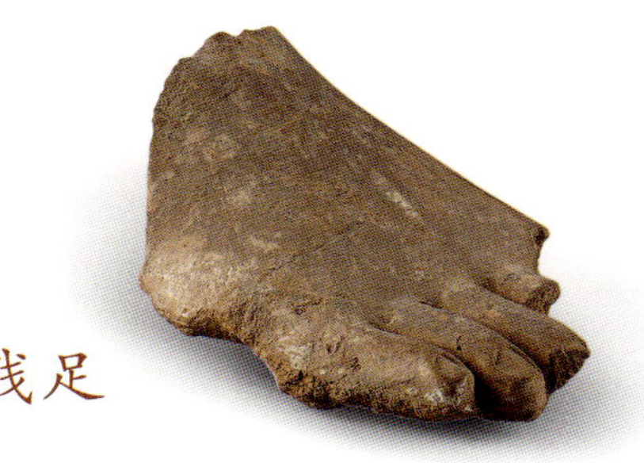

残足

北魏

残长 10.5 厘米，宽 8 厘米，高 5.5 厘米

洛阳市永宁寺遗址出土

现藏于洛阳博物馆

北魏元祉墓

2012年2—5月，洛阳市文物考古研究院在配合洛阳市苗南村东南“都市雅居”建材城项目建设时，发掘了一座北魏时期墓葬，出土了数量众多的陶俑以及墓志等遗物。墓主为北魏平原武昭王元祉。该墓的发现为我们研究北魏时期墓葬形制及埋葬习俗提供了重要的实物资料。

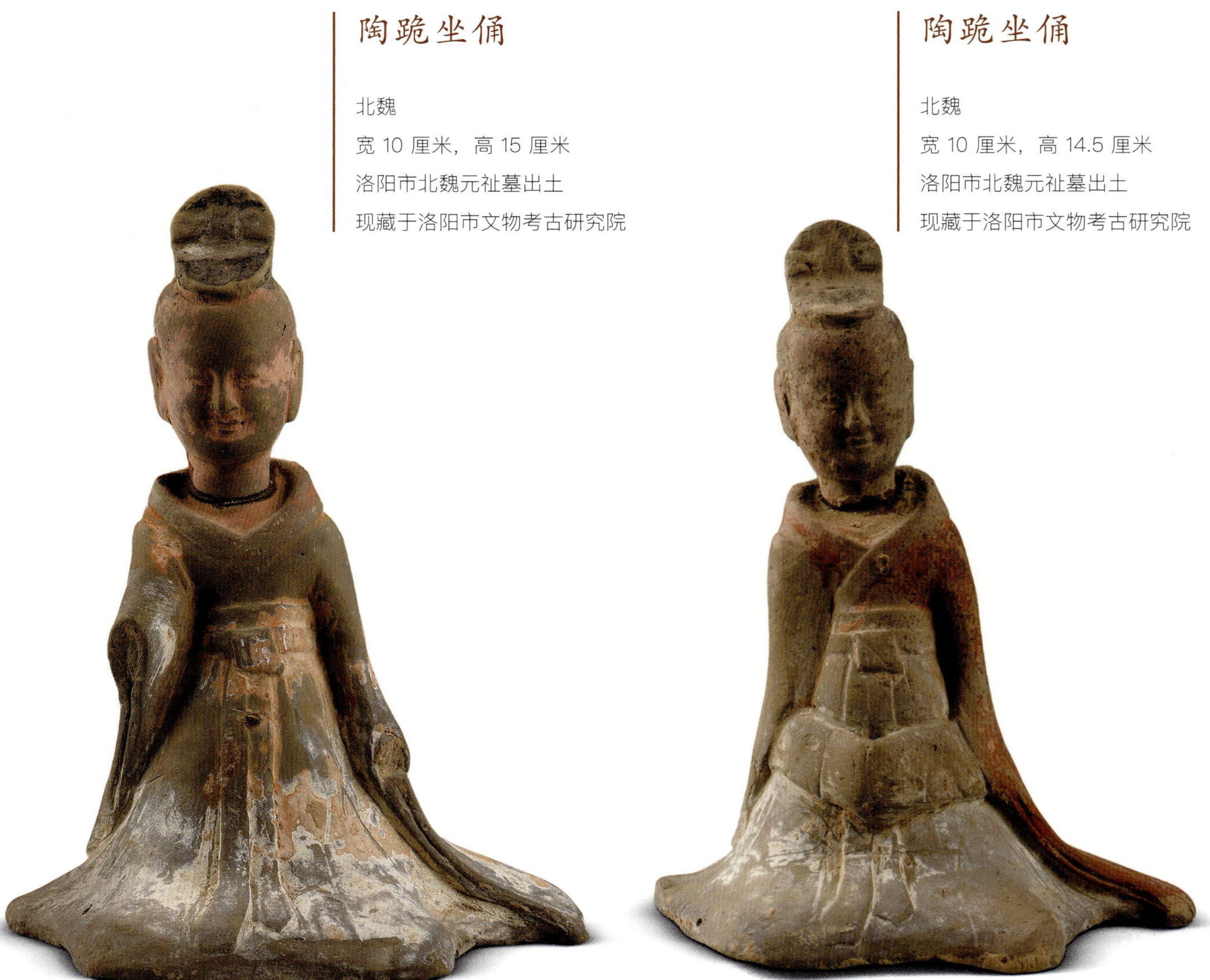

陶跪坐俑

北魏
宽10厘米，高15厘米
洛阳市北魏元祉墓出土
现藏于洛阳市文物考古研究院

陶跪坐俑

北魏
宽10厘米，高14.5厘米
洛阳市北魏元祉墓出土
现藏于洛阳市文物考古研究院

陶跪坐俑

北魏

宽 9 厘米，高 15 厘米

洛阳市北魏元祉墓出土

现藏于洛阳市文物考古研究院

陶跪坐俑

北魏

宽 9 厘米，高 12.5 厘米

洛阳市北魏元祉墓出土

现藏于洛阳市文物考古研究院

陶跪坐俑

北魏

宽 10.5 厘米，高 14 厘米

洛阳市北魏元祉墓出土

现藏于洛阳市文物考古研究院

陶跪坐俑

北魏

宽 6 厘米，高 12.5 厘米

洛阳市北魏元祉墓出土

现藏于洛阳市文物考古研究院

陶跪坐俑

北魏

宽 8.5 厘米，高 12 厘米

洛阳市北魏元祉墓出土

现藏于洛阳市文物考古研究院

陶跪坐俑

北魏

宽 10 厘米，高 13 厘米

洛阳市北魏元祉墓出土

现藏于洛阳市文物考古研究院

陶跪坐俑

北魏

宽 8.5 厘米，高 13.5 厘米

洛阳市北魏元祉墓出土

现藏于洛阳市文物考古研究院

陶跪坐俑

北魏

宽 9 厘米，高 14 厘米

洛阳市北魏元祉墓出土

现藏于洛阳市文物考古研究院

陶跪坐俑

北魏

宽 8.5 厘米，高 13 厘米

洛阳市北魏元祉墓出土

现藏于洛阳市文物考古研究院

陶跪坐俑

北魏

宽 6 厘米，高 12 厘米

洛阳市北魏元祉墓出土

现藏于洛阳市文物考古研究院

洛阳市衡山路北路延长线北魏大墓

北魏大墓位于洛阳市红山乡张岭村东南，为配合衡山路北路延长线建设，洛阳市文物考古研究院对墓葬进行了发掘。墓葬虽经严重盗扰，但仍出土了不少重要遗物，尤其是陶册和金币。墓葬出土的类似书卷样式的陶册尚未见于其他公开发表材料，应与其墓葬性质有密切联系。阿纳斯塔修斯一世金币在国内目前发现仅有数枚，经过科学考古发掘发现的更少，金币铸造时间和墓葬年代间隔时间比较短，充分说明了当时丝绸之路交通往来的频繁程度。

龙柄鸡首青瓷壶

北魏

口径 12.5 厘米，底径 14 厘米，

宽 24 厘米，高 44 厘米

洛阳市衡山路北路延长线北魏大墓出土

现藏于洛阳市文物考古研究院

青瓷碗

北魏
口径 9.5 厘米，底径 2.9 厘米，高 5.3 厘米
洛阳市衡山路北路延长线北魏大墓出土
现藏于洛阳市文物考古研究院

陶案

北魏
长 27.5 厘米，宽 18 厘米
洛阳市衡山路北路延长线北魏大墓出土
现藏于洛阳市文物考古研究院

东罗马金币

北魏
直径 2 厘米
洛阳市衡山路北路延长线北魏大墓出土
现藏于洛阳市文物考古研究院

正面

背面

陶册

北魏
长 19.5 厘米，宽 4.5 厘米，厚 1.5 厘米
洛阳市衡山路北路延长线北魏大墓出土
现藏于洛阳市文物考古研究院

洛阳地区其他遗址

灰陶男胡俑

北魏

高 17.1 厘米

洛阳市孟津出土

现藏于洛阳博物馆

安阳固岸东魏、北齐墓地

安阳固岸墓地位于安阳市安阳县安丰乡固岸村和施家河村东部的高台地上，总面积约 1000 万平方米。为配合南水北调中线工程总干渠建设，2005—2008 年，河南省文物考古研究所对其进行考古发掘，共清理出各时代墓葬 353 座，墓葬时代有战国、秦汉、魏晋、十六国、东魏、北齐、北周、隋、唐、宋和清等，出土文物 2201 件。部分墓葬出土有墓志铭或墓志砖。

固岸墓地时代跨度长，涉及朝代较多，墓葬形制丰富出土文物种类繁多，其中东魏、北齐墓葬大批量集中发现尚属首次。大量纪年明确的墓志砖出土，为研究北朝晚期的墓葬提供了分期断代标准。尤其是这一墓地的东魏、北齐墓葬等级分明，内涵丰富，随葬器物组合完整，家族性质明显，排列有序，为全面揭示北朝时期社会埋葬制度、墓葬分布规律、墓地布局提供了丰富的实物资料，具有重要的科研价值，填补了这一领域的考古空白。

安阳固岸墓地出土的围屏石榻

安阳固岸墓地北齐刀形墓

安阳固岸墓地发现的石墓门

安阳固岸墓地出土的卦筹

安阳固岸墓地棺床残块

安阳固岸墓地出土的部分随葬品

隋唐时期的
洛阳作为当时的
政治、经济、文化中心之一，
在这一时期的中外交流中
起着不可估量的作用。
隋唐洛阳城是
中国古代历史上
持续建都时间最长、
建筑规模最大的都城之一，
是当时世界上
著名的文化和商业贸易中心，
是隋唐时期丝绸之路的东方起点，
同时也是隋唐大运河的中心。

隋
唐

隋唐洛阳城的发掘

[丝绸之路与大运河的连接枢纽]

隋唐洛阳城

隋唐洛阳城是隋唐两代的东都，当时是世界上最繁华的国际大都市之一。始建于隋炀帝大业元年（605年），隋、唐、五代、北宋沿用时间长达五百余年。经过几十年持续的考古探索，隋唐洛阳城的结构与布局逐渐清晰。城址面积约47平方千米，由外郭城、宫城、皇城、东城、含嘉仓城和上阳宫、西苑等部分组成。在隋唐洛阳城轴线上，南起定鼎门，北抵龙光门，南北长约7千米，依次建有定鼎门、天津三桥、天枢、端门、应天门、明堂、贞观殿、徽猷殿、玄武门、曜仪门、圆璧门和龙光门等规模宏大的建筑群。城内有103个里坊和3个市，三市皆依傍河渠，直通大运河，是国际商品的主要集散地。

1955年，洛阳老城区北郊M30出土了17枚波斯银币。银币正面为脸向左侧、头戴王冠的王者半身像，背面中央为一莲花座的祭祀火坛，两侧为祭司，正面王者像前后和祭司的后面都有文字。经考证，这是波斯萨珊朝卑路斯时期的银币。

1970年，河南洛阳隋唐宫城遗址出土杨国忠进银铤，年代为唐代（618—907年），银铤正面有铭文一行："专知采市银使右相兼文部尚书臣杨国忠进"。背面上部有铭文一行"安边郡和市银壹铤伍拾两"；下部有铭文三行，第一行"专知官监太守宁远将军守左司卿（御）率府副率"，第二行"充横野军营田等使赐紫金鱼袋郭子昂"，第三行"天宝十二载十二月□日"。据铭文刻知，银铤为地方上缴之边郡和市银两。

1971年，河南省博物馆和洛阳市博物馆联合对含嘉仓遗址进行考古调查、勘探和发掘工作。含嘉仓城呈长方形，东西约615米，南北725米。仓城中粮窖分布密集，已探出259座。经发掘的第160号窖中还保存有约25万千克炭化的谷物，绝大部分仍保持颗粒状。

1992年10月至1993年5月间，中国社会科学院考古研究所洛阳工作站唐城队对唐代著名诗人白居易故居做了考古发掘，发掘的遗迹有宅院、庭园、水渠、作坊、道路等，出土了珍贵文物1000多件，揭示了与这位伟大诗人生活息息相关的种种文化现象。

1963年，隋唐洛阳城被公布为河南省文物保护单位。1988年，隋唐洛阳城被国务院公布为全国重点文物保护单位。

隋唐洛阳城见证了中国封建社会最辉煌的一段历史，包含丰富的文化内涵，是全面研究中国古代都城的宝贵资料，在中国古都发展史上具有重要地位。隋唐洛阳城的平面布局、建筑形制不但对中国后世影响深远，而且对东亚各国产生了重大影响。

莲花纹瓦当

唐

直径 9.7 厘米，残长 16.5 厘米

洛阳市隋唐洛阳城宫城遗址出土

现藏于洛阳博物馆

莲花纹方砖

唐

边长 37 厘米，厚 6.8 厘米

洛阳市隋唐洛阳城宫城遗址出土

现藏于洛阳博物馆

双凤纹方砖

唐

边长 34 厘米，厚 7.5 厘米

洛阳市隋唐洛阳城宫城遗址出土

现藏于洛阳博物馆

回洛仓刻铭砖

唐

洛阳市回洛仓仓窖遗址出土

现藏于洛阳市文物考古研究院

含嘉仓刻铭砖

唐

长 35.4 厘米，残宽 23.3 厘米

洛阳市含嘉仓遗址出土

现藏于洛阳市文物考古研究院

宝相莲花纹瓦当

唐

直径 17 厘米，厚 3 厘米

洛阳市应天门遗址出土

现藏于洛阳博物馆

绿釉胡人俑

唐
高 30.3 厘米
洛阳市马坡马老五交
现藏于洛阳博物馆

黄釉绿领男胡俑

唐
高 22.8 厘米
洛阳市矿山厂平炉车间出土
现藏于洛阳博物馆

三彩牵马男俑

唐
高 45 厘米
洛阳市矿山厂平炉车间出土
现藏于洛阳博物馆

三彩胡人俑

唐
长 11 厘米，宽 10.5 厘米，高 31.8 厘米
洛阳市关林炼油厂出土
现藏于洛阳博物馆

三彩牵马胡俑

唐
高 44.3 厘米
洛阳市公安局移交
现藏于洛阳博物馆

三彩牵马胡俑

唐
高 49.5 厘米
洛阳市关林车汽垱出土
现藏于洛阳博物馆

三彩载人骆驼

唐

长 32 厘米，高 38 厘米

洛阳市关林59号墓出土

现藏于洛阳博物馆

三彩骆驼

唐

宽 32.5 厘米，高 40.7 厘米

洛阳市关林钢厂出土

现藏于洛阳博物馆

三彩马

唐

长 35 厘米，宽 15 厘米，高 32 厘米

洛阳市关林配件厂第一仓库出土

现藏于洛阳博物馆

三彩驯兽纹扁壶

唐

高 19.8 厘米

洛阳市电话设备厂出土

现藏于洛阳博物馆

彩绘驯马陶俑

唐

高 39 厘米

洛阳市偃师县政府招待所出土

现藏于洛阳博物馆

彩绘陶马

唐

高 54 厘米

洛阳市偃师县政府招待所出土

现藏于洛阳博物馆

彩绘胡人头像

唐

长 6.3 厘米，宽 7.4 厘米，高 10.5 厘米

旧藏

现藏于洛阳博物馆

彩绘胡商俑

唐

高 23.5 厘米

洛阳文教局移交

现藏于洛阳博物馆

洛阳应天门遗址

应天门是隋唐洛阳城最具代表性的建筑之一，是整个宫城的正南门，它南与皇城正门端门、郭城正门定鼎门，北与明堂、玄武门及龙光门等构成整个隋唐洛阳城的南北轴线，是隋唐洛阳城中轴线上的标志性建筑。

1980 年以来，中国社会科学院考古研究所洛阳唐城工作队先后多次对其进行大规模考古发掘，大体搞清了应天门的基本形制和布局：一门三道过梁式建筑结构，是一组以城门楼为主体，两侧辅以朵楼，向外伸出阙楼，其间以飞廊相连的“凹”字形巨大建筑群。应天门南对伊阙和定鼎门，北领宫城，气势宏伟，建筑华丽，无论是布局形制，抑或是建筑规格，在中国古代都城建设史上都具有重要地位，并对后世和东亚都城的发展产生了深远影响。

洛阳定鼎门遗址

定鼎门是隋唐洛阳城郭城正南门，始建于公元 605 年，隋称“建国门”，唐代改称“定鼎门”，并一直沿用至北宋，其间多有重修，前后沿用 500 多年。1954—1961 年，中国科学院考古研究所对遗址进行了考古勘探和试掘，初步搞清遗址范围。1997 年以来，中国社科院考古研究所洛阳唐城队与洛阳市文物一队对定鼎门遗址进行了多次考古发掘。

定鼎门遗址由门道、门址墩台、朵楼、马道、水涵道、郭城南垣、门外南北向路和东西向路等遗迹组成，遗址东西两侧与隋唐洛阳城外郭城城墙遗址相接，门址以北为唐代洛阳城的城市轴线干道天街，南侧发现有唐代路面，路面有人的脚印、动物蹄印和车辙印等遗迹。

隋唐洛阳城定鼎门遗址是丝绸之路鼎盛时期东方起点城市洛阳城的代表性遗存，代表了隋唐时期农耕文明的发展水平，展现了丝绸之路鼎盛时期起点都城城市格局的礼制特征及其影响力，见证了丝绸之路繁盛的商业活动。

回洛仓与黎阳仓粮食仓储遗址

隋代是我国古代大型国家粮仓建设的顶峰时期，也是我国古代地下储粮技术发展最完备的时期。作为隋代不同类型大型国家粮仓的代表——具有重要历史影响的洛阳回洛仓遗址和浚县黎阳仓遗址的首次同时发掘，以超前丰富的考古新资料全面揭示了我国古代地下储粮技术完备时期的特大型官仓的概貌和储粮技术水平。

回洛仓遗址位于隋唐洛阳城宫城以北 3.5 千米，今洛阳市北郊瀍河区邙山南麓。回洛仓始建于隋大业二年（606 年），毁于隋末农民战争，沿用时间较短，之后逐渐荒废埋于地下。2004 年 6 月，为配合洛阳市第一拖拉机厂东方红轮胎有限公司整体搬迁改造工程建设，洛阳市文物钻探管理办公室对项目区域进行考古钻探，发现大量仓窖遗迹及道路、墓葬。2012 年 1—10 月，为全面了解回洛仓遗址基本情况、为大运河申遗提供实物资料，洛阳市文物考古研究院与洛阳市钻探管理办公室联合对回洛仓遗迹进行考古勘探和发掘工作。回洛仓仓城整体呈长方形，东西长 646 米，南北宽 355 米。东南角距隋唐城北墙 1000 米，西南角距北墙 1100 米。仓城南墙宽 3 米，东、西墙宽 3.7 米，

洛阳回洛仓遗址

洛阳回洛仓遗址仓窖发掘场景

洛阳回洛仓遗址仓窖壁席痕

洛阳回洛仓遗址仓窖壁木板灰痕迹

北墙宽 2 米，仓城可分为管理区、仓窖区、道路等几个部分。勘探发现的回洛仓仓窖数量为两百余个。仓窖个体基本呈口大底小的圆缸形。2014 年 4 月到 2015 年 1 月，洛阳市文物考古研究院清理出漕运渠道、道路、墓葬等遗迹。2015 年至 2016 年，洛阳市文物考古研究院主要清理了 2 座仓窖及 1 个灰坑，在灰坑中出土铭文砖，铭文详细记载了管理仓窖的机构、储粮的数量、粮食的来源、仓窖在仓城的具体位置、粮食入窖的年月日、各地与回洛仓粮食有关的官员姓名等信息。

黎阳仓位于河南省鹤壁市浚县东二里大伾山北，2011 年 11 月，浚县文物旅游局聘请文物钻探队，对文献记载的黎阳仓所在的大伾山北麓近 10 万平方米区域进行钻探调查。经过三次考古勘探，发现了与黎阳仓有关的主要遗迹有仓城的城墙、护城河、仓窖、夯土台基、大型建筑基址、路、墓葬、灰坑等。2011 年 12 月，河南省文物考古研究所对黎阳仓遗址进行正式考古发掘，发掘大小探方 25 个，探沟 4 条，总面积 2200 多平方米，清理出大型建筑基址 3 处，仓储坑 2 个，墓葬 11 座，灰坑 83 个，路 1 条，灶 14 个，出土陶、瓷标本残片万余件，其中多数为建筑材料板瓦、筒瓦。

回洛仓遗址的发掘展示了隋代都城具有战略储备和最终消费功能的大型官仓的储粮规模和仓窖形制特征，仓窖大而深，容量大，数量更多等；黎阳仓则显示出依托黄河和大运河而具有中转性质的大型官仓的形制特点，仓窖口大而较浅，便于粮食的储备和转运等。两处粮食仓储遗址的考古发现对于研究隋代社会经济、政治、工程技术及俸禄制度等具有重要的实物资料价值，同时，也为中国大运河成功“申遗”提供了隋代大运河开凿和利用的珍贵实物证据。

浚县黎阳仓遗址发掘区域俯瞰

浚县黎阳仓遗址发掘现场

浚县黎阳仓遗址漕渠遗迹剖面

浚县黎阳仓遗址仓窖底部与仓壁板灰遗迹

洛阳龙门石窟

龙门石窟位于河南省洛阳市南 13 千米的伊河两岸，与甘肃省敦煌莫高窟、山西省大同云冈石窟，并称为中国三大艺术宝库。始凿于北魏孝文帝迁都洛阳（493 年）前后，历经东魏、西魏、北齐、隋至唐代“安史之乱”，近四百余年的营造形成了横跨东西两山、南北长达 1 千米的石窟群。现存编号窟龛 2345 个，造像 10 万尊，浮雕石塔 40 余座，碑刻题记 2780 品，其中有纪年的 700 余品，尤以“龙门十二品”最为著名，是书法艺术的珍品。

最早对龙门石窟的调查始于 19 世纪末，1899 年法国矿山技师普林斯访问了龙门石窟，并于 1902 年发表了调查纪要。随后，法国著名汉学家沙畹看到了这组图片，在 1907 年对龙门石窟做了为期十二天的调查，详细记录了龙门各洞窟的情况和碑刻资料。1936 年，中国营造学社梁思成、林徽因、刘敦桢等人对龙门石窟做了编号、记录、摄影，并绘制了洞窟平面图，同时对石窟的年代、洞窟构造特点和造像样式作了叙述。20 世纪 50 年代以来，国内学者贺泳、王去非、丁明夷等对龙门石窟的开凿年代、造像的分期等进行了考察。1991 年由文物出版社出版的《中国石窟·龙门石窟》是国内出版的最早、最完整的关于龙门石窟的图片和实测图，并且收录了国内外学者对龙门石窟的调查与研究，其中温玉成先生的《龙门北朝纪年小龛的类型、分期与洞窟排年》,用考古类型学的方式,对北朝洞窟的年代进行科学研究。宿白先生的《洛阳地区北朝石窟的初步考察》一文中对龙门石窟 23 座北朝洞窟进行了分期，并总结各个阶段的洞窟特点，并从历史背景分析各阶段发生变化的原因。

2008 年 3—9 月，龙门石窟研究院与北京大学考古文博学院组成联合考古队，对龙门石窟东山擂鼓台三洞窟前建筑遗址进行了考古发掘，发现的遗迹包括用大条石砌成的规模较大的唐代窟前踏道、窟前殿堂包石台基、宋代造像题记、建筑基础及唐宋时期窟前道路等。

1961 年，龙门石窟被国务院公布为第一批全国重点文物保护单位。

佛头像

唐

残高 39 厘米

洛阳市龙门石窟奉先寺遗址出土

现藏于龙门石窟研究院

兽面纹瓦当

宋

直径 15.2 厘米，残长 14.5 厘米

洛阳市龙门石窟东山擂鼓台遗址出土

现藏于龙门石窟研究院

卷云纹瓦当

汉魏时期

直径 14.6 厘米，厚 2 厘米，缘宽 1 厘米

洛阳市龙门石窟东山擂鼓台建筑遗址出土

现藏于龙门石窟研究院

脊兽

宋

长 55 厘米，宽 23 厘米，残高 19 厘米

洛阳市龙门石窟东山擂鼓台遗址出土

现藏于龙门石窟研究院

安阳隋墓

安阳市是河南省内隋墓发现比较集中的地区，建国前在殷墟遗址的发掘过程中曾发现一批隋墓。新中国成立后，随着殷墟考古发掘工作的恢复，在配合基本建设项目的过程中，考古工作者陆续发现数百座隋代墓葬，其中部分为纪年墓，如隋代宋循墓、隋代张盛墓、隋代麴庆墓等；部分为隋代墓葬群，如洹北胜利小区等。出土有瓷俑，陶俑，碗、罐、盘、杯等瓷器，双耳罐、壶等陶器，带扣、钗、钱等铜器，镜、剪、券等铁器和少量金器，为研究中原地区隋墓演变规律及安阳地区隋代社会生活提供了资料。

青釉瓷俑合照

隋

宽 5.5—8 厘米，高 20—22 厘米

安阳市龙安区政府墓地 M8 出土

现藏于安阳市文物考古研究所

青瓷吹箫伎乐俑

青瓷吹笙伎乐俑

青瓷捧碗侍女俑

青瓷捧熏炉侍女俑

青瓷捧盆侍女俑

青瓷持钹伎乐俑

青瓷吹笛伎乐俑

青瓷捧砚侍女俑

青瓷捧洗侍女俑

青瓷侍女俑

青瓷侍女俑

青瓷吹排箫伎乐俑

青瓷弹箜篌伎乐俑

青瓷伎乐俑

青瓷捧唾盂侍女俑

青瓷捧衣侍女俑

青瓷捧瓶侍女俑

青瓷捧几侍女俑

青瓷捧笔架侍女俑

青瓷持盾武士俑

隋

宽 17.7 厘米，通高 47.5 厘米

安阳市郭家湾汉河墓地 M30 出土

现藏于安阳市文物考古研究所

带盖四系青瓷罐

隋

口径 8 厘米，底径 8.5 厘米，通高 24.5 厘米

安阳市胜利小区墓地 M43 出土

现藏于安阳市文物考古研究所

带盖四系瓷罐

隋

口径 8 厘米，底径 7.2 厘米，通高 18.7 厘米

安阳市安钢120T转炉水泵房墓地 M1 出土

现藏于安阳市文物考古研究所

带盖四系青瓷罐

隋

口径 12 厘米，底径 9.5 厘米，通高 29.8 厘米

安阳市范家庄墓地 M358 出土

现藏于安阳市文物考古研究所

青瓷盘瓷碗合照

隋

安阳市洹北西区墓地 M10 出土

现藏于安阳市文物考古研究所

青釉瓷碗

隋

口径 7.8 厘米，底径 3.4 厘米，高 5.9 厘米

安阳市洹北西区墓地 M10 出土

现藏于安阳市文物考古研究所

青釉瓷盘

隋

口径 32.5 厘米，底径 16 厘米，高 9 厘米

安阳市洹北西区墓地 M10 出土

现藏于安阳市文物考古研究所

巩义黄冶三彩窑址

黄冶三彩窑址位于郑州市巩义市站街镇大、小黄冶村，分布于黄冶河两岸，总面积约 23 万平方米。

1957 年故宫博物院调查时发现该窑址，采集到三彩器、绞胎枕等标本。之后河南省博物馆和巩县文管会对窑址继续进行调查工作，并采集到白瓷、三彩及器物范模等标本。

1976 年 7 月，为配合当地农业学大寨运动，河南省博物馆与巩县文管会联合对该窑址进行了钻探和试掘，发现了唐三彩堆积层，出土大量唐三彩器物及素烧器物。

2002—2004 年，河南省文物考古研究所与中国文化遗产研究院联合对黄冶三彩窑址进行考古发掘，发掘面积近 2000 平方米，清理出唐代窑炉和作坊遗迹，出土了种类丰富的唐三彩制品，器形有盆、碗、盘、豆、碟、盂、杯、罐、钵、炉、灯、水注、净瓶和兔、龟、蛙、马、羊、狗、狮、虎、象、骆驼、子母猴、车等。

巩义黄冶三彩窑址于 2001 年 6 月被国务院并入第五批全国重点文物保护单位。

巩义黄冶三彩窑址是研究唐三彩的重要窑口之一，极大地丰富了人们对唐三彩的认知。另外，在黄冶三彩窑址中晚唐时期地层和灰坑内清理出的白釉点画蓝彩、钴蓝彩釉瓷器标本，为青花瓷的起源、创烧提供了重要的实物依据。

三彩洗

唐

口径 26 厘米，底径 22 厘米，高 6 厘米

郑州市巩义黄冶窑址出土

现藏于河南省文物考古研究院

三彩炉

唐

口径 11.6 厘米，高 12.8 厘米

郑州市巩义黄冶窑址出土

现藏于河南省文物考古研究院

三彩罐

唐

口径 12 厘米，腹径 15.5 厘米，

底径 10 厘米，高 13.5 厘米

郑州市巩义黄冶窑址出土

现藏于河南省文物考古研究院

三彩钵

唐

口径 10 厘米，底径 6 厘米，

腹径 17 厘米，高 12 厘米

郑州市巩义黄冶窑址出土

现藏于河南省文物考古研究院

三彩盂

唐

口径 3.5 厘米，底径 4.4 厘米，高 4.8 厘米

郑州市巩义黄冶窑址出土

现藏于河南省文物考古研究院

三彩提梁罐

唐

底径 2.8 厘米，高 5.5 厘米

郑州市巩义黄冶窑址出土

现藏于河南省文物考古研究院

三彩扁瓶

唐

残高 2.9 厘米

郑州市巩义黄冶窑址出土

现藏于河南省文物考古研究院

三彩抱宠物俑

唐

高 5.6 厘米

郑州市巩义黄冶窑址出土

现藏于河南省文物考古研究院

猴俑

唐

高 8 厘米

郑州市巩义黄冶窑址出土

现藏于河南省文物考古研究院

白瓷碗

唐
口径 18 厘米，底径 10 厘米，高 8 厘米
郑州市巩义黄冶窑址出土
现藏于河南省文物考古研究院

白瓷盆

唐
口径 20.5 厘米，底径 9.5 厘米，高 12.5 厘米
郑州市巩义黄冶窑址出土
现藏于河南省文物考古研究院

白瓷唾盂

唐

口径 7.6 厘米，底径 8.4 厘米，高 12.7 厘米

郑州市巩义黄冶窑址出土

现藏于河南省文物考古研究院

三足炉

唐

口径 13 厘米，高 16.4 厘米

郑州市巩义黄冶窑址出土

现藏于河南省文物考古研究院

黑釉三足炉

唐

口径 13.4 厘米，通高 19.5 厘米

郑州市巩义黄冶窑址出土

现藏于河南省文物考古研究院

茶叶末釉水盂

唐

郑州市巩义黄冶窑址出土

现藏于河南省文物考古研究院

绿釉瓶

唐
口径 3 厘米，腹径 7 厘米，高 7 厘米
郑州市巩义黄冶窑址出土
现藏于河南省文物考古研究院

白釉蓝彩钵

唐
口径 15.8 厘米，底径 6.4 厘米，高 16.6 厘米
郑州市巩义黄冶窑址出土
现藏于河南省文物考古研究院

绞胎枕

唐

长 14.5 厘米，宽 10.3 厘米，高 7.7 厘米

郑州市巩义黄冶窑址出土

现藏于河南省文物考古研究院

素烧炉

唐

腹径 28.5 厘米，高 20.5 厘米

郑州市巩义黄冶窑址出土

现藏于河南省文物考古研究院

宝相花印模

唐

直径 15.7 厘米，高 6.3 厘米

郑州市巩义黄冶窑址出土

现藏于河南省文物考古研究院

巩义白河瓷窑址

巩义白河瓷窑址位于郑州市巩义市北山口镇白河村，遗址总面积约100万平方米。

1951年发现该遗址。2005年4月至2008年3月，为探索巩义唐三彩烧造的迄止年代、巩义唐代白瓷的烧造工艺、早期白瓷的起源及其演变等相关课题，经报请国家文物局批准，河南省文物考古研究所与中国文化遗产研究院合作，巩义市文物局协助，对巩义白河窑址进行了考古发掘，发掘面积2400平方米，清理窑炉6座，灰坑、灶等遗迹110余个，出土大量的白釉、酱釉、青釉、黄釉等瓷器，并有少量三彩片，器物类型有碗、盘、盆、水注、执壶等，还出土有大量的匣钵、支烧、垫饼等。通过发掘，在该窑址首次发现了烧制白瓷和青瓷的北魏窑炉及其产品，出土了唐代青花瓷器和唐三彩马俑。

1963年6月，巩义白河瓷窑址被公布为河南省第一批文物保护单位。2006年5月，巩义白河瓷窑址被国务院公布为第六批全国重点文物保护单位，并与第五批全国重点文物保护单位“黄冶三彩窑址”合并，统称为巩义窑址。

白河瓷窑遗址为研究中国白瓷的起源与发展提供了实物资料，对研究盛唐时期陶瓷的发展有着重要意义，在中国陶瓷史和经济史中占有重要地位。

巩义白河窑Ⅲ区全景

鲁山段店窑址

鲁山段店窑址位于平顶山市鲁山县城北12千米梁洼镇段店村东北，面积16万平方米，文化层厚1—3米。

1950年11月，故宫博物院在调查临汝窑时发现该窑址，之后又于70年代同河南省博物馆第二次调查该窑址，采集到腰鼓碎片，特征与传世腰鼓基本一致，证实了唐代南卓《羯鼓录》中“不是青州石末，即是鲁山花瓷”语。

1986年，河南省文物研究所对段店窑址进行调查，采集到大量器物，有花釉、黑釉、黄釉、白釉、白地黑花、珍珠地刻花、三彩、印花青釉汝瓷、钧瓷等，器形包括腰鼓、罐、瓶、盆、碗、钵、炉、枕、盒等。

1990年10—12月，河南省文物研究所首次对段店窑址进行发掘，出土大量器物，进一步丰富了对该窑址的认知。从发掘情况看，该窑址创烧于唐代，主要烧制黑瓷、花釉瓷，宋金时期烧制器物品种丰富，增加了青瓷、白瓷、三彩制品等，元代烧制品种减少，多为钧釉及白地黑花。

鲁山段店窑址于2000年被公布为河南省第三批文物保护单位，2006年被国务院公布为第六批全国重点文物保护单位。

鲁山段店窑址烧制时间长、遗物丰富、品种齐全、花色多样，在中国陶瓷史上占有重要地位。

花釉腰鼓

唐

残长18.2厘米，残宽13.5厘米

平顶山市鲁山段店窑址出土

现藏于河南省文物考古研究院

花釉执壶

唐

口径 6.8 厘米，残高 10.1 厘米

平顶山市鲁山段店窑址出土

现藏于河南省文物考古研究院

双系黑釉葫芦瓶

唐

口径 2 厘米，底径 5.3 厘米，高 14.8 厘米

平顶山市鲁山段店窑址出土

现藏于河南省文物考古研究院

褐釉双系执壶

唐

口径 7.2 厘米，底径 8.6 厘米，高 17.8 厘米

平顶山市鲁山段店窑址出土

现藏于河南省文物考古研究院

杯形支烧

唐

口径 11.8 厘米，底径 14.6 厘米，高 16.5 厘米

平顶山市鲁山段店窑址出土

现藏于河南省文物考古研究院

盘状垫饼

唐

底径 20.8 厘米，顶径 9.1 厘米，高 3 厘米

平顶山市鲁山段店窑址出土

现藏于河南省文物考古研究院

9 宋元明考古

【封建经济的最后繁荣】

元

北宋王朝
继五代的梁、晋、汉、周之后，
建都于开封，
因此，
在今日河南境内遗留有许多宋元时期的遗迹、遗物。
经过70年的考古工作，
北宋的都城汴梁、西京洛阳，
北宋名窑中的汝窑、钧窑，
北宋皇陵等一系列重要考古发现
都以实物形式印证了文字记载。
明代河南分封了
周、赵、郑、潞、伊、福、徽、崇、汝、唐等多位藩王，
留下大量的王府遗迹和墓葬。
这些遗存的发现，
不仅积累了丰富的资料，
开阔了人们的视野，
而且促进了这一时期的研究，
使得学术领域不断拓展，
研究体系日臻完善。

开封北宋东京城遗址

北宋东京城经过北宋九帝168年的营建，不仅成为当时全国政治、经济、文化中心，而且一度成为“人口上百万，富丽甲天下”的国际大都会。然而，由于历代兵燹和黄河水患，这座都城被深深淤没于地下。

北宋东京城遗址经过多年的考古勘探发掘，解决了学术界关于宋城研究的诸多疑点。整个东京城呈东西略短、南北稍长，由内向外依次筑有皇城、内城、外城，并各有护城壕沟的都城。正处于北宋东京城的南北中轴线——御街，其上正与今开封市区纵贯南北的中轴线相重叠。这表明自北宋以来的千余年中，虽历经劫难，开封城市的中轴线一直未有改变，这在中国古代都城发展史上是极为罕见的。

开封北宋东京城顺天门遗址主城门北门道

开封北宋东京城顺天门遗址主城门区域叠压的历代道路

历经 20 年的考古发掘，我国考古学家在古都开封地下 3—12 米处，发现上下叠压着 6 座城池，立体地展现了开封自建城以来 2000 多年来的古代城市变迁史。对于研究中国古代都城的布局、特点、建筑规制有着重要意义。

北宋东京城由外城、内城和宫城组成。其中顺天门（新郑门）是外城上的 4 个“直门两重”的正门之一，五代后周时称“迎秋”，宋太平兴国四年（979 年）改名“顺天”。又因向西可直通郑州且与内城郑门相对，又俗称“新郑门”。新郑门外大道南北分别为北宋琼林苑和金明池，是目前北宋东京城遗址外城诸城门中保存最完好的一座城门。

2012—2017 年对顺天门（新郑门）遗址进行的考古发掘，是首次对东京城城门遗址进行考古发掘，而且是北宋东京城遗址考古史上规模最大、发掘地层最完整的一次考古发掘，揭示了顺天门主城门的规模、形制、基础建筑方法，五代至北宋时期该门址由单门道到三门道、瓮城从无到有的变化过程等。顺天门遗址是目前考古发现的中国古代都城中最早的方形瓮城遗址，填补了中国古代都城考古史的空白，为研究北宋东京城的布局、古代都城城门形制演变、开封城市发展史提供了前所未有的珍贵考古资料。

迦陵频伽

北宋

高 47.5 厘米

开封市北宋东京城顺天门遗址出土

现藏于开封市文物考古研究院

力士造像红陶陶模

北宋

长 5 厘米，宽 3.6 厘米

开封市北宋东京城顺天门遗址出土

现藏于开封市文物考古研究院

武士造型红陶陶模

北宋

长 2.2 厘米，宽 1.7 厘米

开封市北宋东京城顺天门遗址出土

现藏于开封市文物考古研究院

兔子造型红陶陶模

北宋

长 3.6 厘米，宽 2.6 厘米，厚 1.4 厘米

开封市北宋东京城顺天门遗址出土

现藏于开封市文物考古研究院

青蛙造型红陶陶范

北宋

长 4.2 厘米，宽 3 厘米，厚 0.5 厘米

开封市北宋东京城顺天门遗址出土

现藏于开封市文物考古研究院

鱼造型红陶陶范

北宋

长 4.4 厘米，宽 2.8 厘米，厚 0.3 厘米

开封市北宋东京城顺天门遗址出土

现藏于开封市文物考古研究院

巩义宋陵

宋陵位于郑州市巩义市芝田镇、西村镇、回郭镇和巩义市区，为北宋七位皇帝及其陪葬宗室的陵寝，占地总面积约180平方千米，是我国现存面积最大、地面遗址最完整的著名帝陵之一。北宋皇陵始建于公元963年，前后经营达160余年之久，北宋九位皇帝中，除徽、钦二帝被金人掳去囚死于漠北外，其余七帝均葬在巩义。现存有太祖赵匡胤永昌陵、太宗赵炅永熙陵、真宗赵恒永定陵、仁宗赵祯永昭陵、英宗赵曙永厚陵、神宗赵顼永裕陵和哲宗赵煦永泰陵，加上赵匡胤父亲赵弘殷的永安陵，俗称“七帝八陵”。还袝葬有后妃、宗亲、皇子皇孙和功臣墓近千座，形成了一个规模庞大的皇家陵墓群。

宋陵按照“地形堪舆”和“山水风脉”选址，坐北向南，东南穹隆，西北低垂。陵园由“上宫”“宫城”“地宫”“下宫”四部分组成，围绕陵园建有寺院、庙宇和行宫等。陵园种植松柏，陵区四周种植枳橘。宋陵有庞大的石刻群，每个帝陵都有望柱、瑞禽等58件石刻，每个后陵有34件，其他陵墓的石刻数量、规格因等级而有差别。宋陵石刻至今尚存1027件，是我国现存最完整的古代陵墓造像群之一，也是宋代雕塑艺术的代表作品。1982年2月，巩义宋陵被国务院公布为第二批全国重点文物保护单位。

洛阳北宋衙署庭院遗址

北宋定都开封，称为东京，立洛阳为西京。1984年3—6月，洛阳市文物工作队在配合洛阳市中州医院西大街门诊厅的基建工程中发掘出一座保存较为完整的宋代门基址。门址由地栿石、门扉结构、车道和踏道组成。

1991年10月至1992年5月，为配合洛阳老城区兴建公寓，中国社会科学院考古研究所洛阳唐城队对项目区域位于中州路南侧、经钻探发现的衙署庭院遗址进行考古发掘。

洛阳北宋衙署庭院遗址东西宽33米、南北长76米，包含有殿亭、廊庑、道路、花榭、水池以及数条明暗水道。殿亭位于遗址南部，东西并列，东殿亭仅存2个磉墩，西殿亭发现有砖砌台基及4排磉墩。廊庑发现有东西两道，仅存台基部分。主干道连通衙署大门及过厅的踏步。花砖路连通东西廊庑，路面用柿蒂形卷草纹方砖铺成。花榭位于西廊庑中部。水池位于遗址中部偏西，残存有四壁铺砖两排，池底为黄褐色夯土。遗址出土大量遗物，主要为砖、瓦、瓦当、套兽、垂兽等各类建筑构件以及碗、瓶、盒、灯座、砚等陶瓷生活用品，另外发现有二百余枚铜钱，铜钱时代贯穿北宋时期。

洛阳北宋衙署庭园遗址，是我国古城中首次发现的宋代园林，其保存情况之好、面积之大，前所未见，为研究宋代大型官府衙署的建筑布局的整体风貌，提供了一个难得的实例。洛阳市文物工作队发现的宋代门址位于衙署庭院遗址南侧，建于夯土之上，两侧设地栿石，中部有严谨的门扉结构，应属于宋《营造法式》中所述的在地栿石之上立有排叉柱的“过梁式”木构门洞，为研究宋代建筑史提供了弥足珍贵的实物资料。

宝丰清凉寺汝官窑址

汝窑名列宋代的五大名窑之冠，因其历史烧造年代最短，传世和出土数量最少，审美造诣极高的陶瓷品类，历来世所珍稀。从 20 世纪 50 年代开始，为寻访汝窑遗址，数代文博工作者付出了巨大努力，终于在 20 世纪 80 年代发现了宝丰清凉寺汝官窑址。

宝丰清凉寺汝官窑址，位于平顶山市宝丰县大营镇清凉寺村、韩庄村，遗址保护范围共计 133.2 万平方米。1987—2016 年，河南省文物考古研究院先后对宝丰县清凉寺汝官窑遗址进行了 14 次考古发掘，发现了 20 多座烧制御用汝瓷的窑炉及作坊遗迹，获得了大量瓷器标本，出土了不少传世品种未见的新器形，如套盒、荷花口平底盘、盏等，同出土的还有钵、罐、盂等，工艺品鸟首，龙形器和仿早期青铜器的方壶、圆壶等，丰富了人们对汝窑瓷器的认识。汝官窑遗址的中心区域在清凉寺村内的中北部，烧造的御用瓷器以天青色釉为主，种类既有碗、盘等日常生活用器，又有尊、瓶等艺术陈设器等，

宝丰清凉寺汝窑址考古发掘现场

宝丰清凉寺汝窑址汝窑瓷片堆积

宝丰清凉寺汝窑址汝窑窑炉

宝丰清凉寺汝窑址澄泥池

造型庄重大方，胎质细腻致密，胎色灰中略带黄色，俗称“香灰胎”，釉面开有细密的本色纹片，制作工艺精湛，是当时青釉瓷器的代表作品。

宝丰清凉寺汝官窑址于 2001 年 6 月被国务院公布为第五批全国重点文物保护单位。

该窑址总面积超过 100 万平方米，分布范围之广，为河南瓷窑址所罕见，烧造的瓷器以天青色釉为主。汝官窑在中国古代陶瓷发展史特别是对于两宋官窑瓷系的发展，起承前启后的作用。

瓷碗

北宋

口径 16.8 厘米，底径 7.4 厘米，高 6.8 厘米

平顶山市宝丰清凉寺汝瓷窑址出土

现藏于河南省文物考古研究院

盘口折肩瓶

北宋

盘径 6.2 厘米，口径 2.8 厘米，

底径 6.4 厘米，高 14.5 厘米

平顶山市宝丰清凉寺汝瓷窑址出土

现藏于河南省文物考古研究院

细颈鼓腹瓶

北宋

口径 4.2 厘米，底径 6.4 厘米，高 18.8 厘米

平顶山市宝丰清凉寺汝瓷窑址出土

现藏于河南省文物考古研究院

禹州钧台钧窑遗址

禹州钧台钧窑遗址位于许昌市禹州市城区东北部，东起禹州城墙边，西至古钧台，北靠城墙界，南达马号街路南，东西长约 1100 米，南北宽约 350 米，总面积达 38 万多平方米。

1951 年、1962 年，故宫博物院在此调查时发现一批窑址。1973 年开始，河南省博物馆对钧台钧窑遗址进行考古发掘，共发现 11 座窑炉及作坊、灰坑等遗迹。窑炉排列一线，作坊位于正中，从瓷坯的成型、上釉、入窑到烧成瓷器，各道工序可持续进行。在发掘的窑址中，除发现有窑炉、作坊、灰坑等遗迹外，还发现了大量窑具、瓷土、釉药、彩料和砖瓦等建筑材料。出土的钧瓷釉色多变，有天蓝、紫红、月白、豆青、米黄等色，器形有各式花盆、奁、尊、碗、盘、炉、钵、洗等。遗址内还出土有一定数量的汝瓷、影青瓷、白地黑花器和天目瓷，器形有碗、盘、钵 、罐、盆、盒、瓶、枕、灯台、炉、高足碗、壶、器盖和各种人物、动物等小玩具。

1986 年，禹州钧台钧窑遗址被公布为河南省第二批文物保护单位。1988 年 1 月，禹州钧台钧窑遗址被国务院公布为第三批全国重点文物保护单位。

禹州神垕镇钧窑遗址

神垕镇钧窑遗址位于许昌市禹州市神垕镇下白峪村和刘家门村之间，由刘家门东西窑址、河北地窑址和下白峪窑址组成。遗址面积 7 万多平方米，文化层厚达 4 米，文化遗存非常丰富。

1964 年，故宫博物院曾对遗址进行过考古调查。2001 年 10 月至 2002 年元月，北京大学考古文博学院和河南省文物考古研究所联合考古队对遗址进行主动发掘，发掘面积 650 平方米，清理窑炉遗迹 8 座、石砌澄泥池 3 座、灶 1 座以及窑前工作场所 3 处，出土了大量瓷器和窑具残片，总数 10 余万件，其中可复原器物数千件。神垕钧窑遗址下白峪瓷窑的时代为唐中晚期至元代，唐代主要产品为黑瓷和青瓷；河北地和刘家门窑为北宋晚期至元代，主要器物有碗、盘、壶、洗、盆、香炉等，其中贴塑花口连座瓶、大香炉、梅瓶、四系瓶十分有特点。在河北地还清理出一座北宋晚期至金代的土洞式长方形分室式窑炉，其形制独特，既不同于北方常见的馒头窑，也不同于南方流行的龙窑，属首次发现。

神垕镇钧窑遗址于 2006 年 5 月被国务院公布为第六批全国重点文物保护单位。

禹州神垕镇钧窑遗址反映出钧瓷烧造一整套比较合理的工艺流程。发掘表明，钧窑的发展历史分为三个时期，即北宋晚期到金代前期、金代后期到元代初年和元代时期，大体覆盖了钧窑发生、发展、繁荣的历史发展过程，为研究钧窑本身的生产历史和工艺发展历史提供了翔实的资料。

瓦钉

宋

许昌市禹州神垕镇钧瓷窑址出土

现藏于河南省文物考古研究院

瓷盘

宋

许昌市禹州神垕镇钧瓷窑址出土

现藏于河南省文物考古研究院

瓷盘

宋

许昌市禹州神垕镇钧瓷窑址出土

现藏于河南省文物考古研究院

白沙宋墓

白沙宋墓位于许昌市禹州市白沙镇北，于1951年12月至1952年1月发掘，是北宋末年赵大翁及其亲属的家族墓葬，共3座。

赵大翁墓为仿木建筑结构雕砖壁画墓，分为墓门、甬道、前室、过道和后室。墓门正面是仿木建筑门楼。甬道东西两壁各砌有一扇版门，门上砌有门钉及门环。前室平面呈扁方形，墓顶为叠涩式顶，四角均为仿木结构砖柱及斗拱。中间有过道连接前后室。后室平面为六角形，顶部为六角攒尖顶，室内有棺床，发现两具人骨。墓内随葬品较少，仅发现有陶器、瓷器、铜钱、铁器等，另在后室北壁下发现元符二年的朱书买地砖券。墓内仿木建筑上多有彩绘。甬道东壁绘有三人，为司阍人及贡纳财务者，西壁绘有三人一马，为司阍人及致送酒务者。前室墓门两侧绘持骨朵的护卫，东壁绘女乐11人，西壁雕绘墓主人夫妇对坐宴饮图，是典型的开芳宴题材，北壁绘兵器。过道两侧砌有破子棂窗，东壁床下绘黑色瓷罐及粮袋，袋面墨书“元符二年赵大翁布”字样，西壁绘各样摆设。后室北壁砌雕妇女启门像，西北、东北两壁砌破子棂窗，西南壁画梳洗图，东南壁画持物侍奉的男女婢仆，表现墓主人内宅的生活情景。

另两墓并列于赵大翁墓北，都是平面六角形的仿木建筑结构单室墓，壁画题材与赵大翁墓的相同而略简化，棺床上置两具人骨，也都是夫妇合葬墓，随葬品较少，其时代则较赵大翁墓稍晚，约在徽宗时期。

白沙宋墓是北宋末期流行于中原和北方地区的仿木建筑雕砖壁画墓中保存最好、结构最为复杂、内容最为丰富的一处。它的发现，为研究北宋仿木建筑的雕砖壁画墓提供了重要资料。同时出版的《白沙宋墓》一书也是我国田野考古纪实的奠基之作。

白釉瓷碗

宋

口径 17.4 厘米，底径 5.7 厘米，高 5.3 厘米

许昌市禹州白沙宋墓出土

现藏于开封市博物馆

白釉瓷罐

宋

口径 9.8 厘米，腹径 37 厘米，

底径 5.8 厘米，高 7.7 厘米

许昌市禹州白沙宋墓出土

现藏于开封市博物馆

白釉黑花瓷盘

宋

口径 20.7 厘米，底径 8 厘米，高 5.5 厘米

许昌市禹州白沙宋墓出土

现藏于开封市博物馆

钧瓷盘

宋

口径 16 厘米，底径 5.8 厘米，高 3.7 厘米

许昌市禹州白沙宋墓出土

现藏于开封市博物馆

钧瓷罐

宋

口径 10.9 厘米，底径 6.5 厘米，高 11 厘米

许昌市禹州白沙宋墓出土

现藏于开封市博物馆

绿釉刻花瓷盘

宋

口径 36.4 厘米，底径 23.5 厘米，高 7.5 厘米

许昌市禹州白沙宋墓出土

现藏于开封市博物馆

青釉瓷碗

宋

口径 11.6 厘米，底径 4.1 厘米，高 5.4 厘米

许昌市禹州白沙宋墓出土

现藏于开封市博物馆

黑釉瓷碗

宋

口径 9.1 厘米，底径 3.1 厘米，高 4.1 厘米

许昌市禹州白沙宋墓出土

现藏于开封市博物馆

黑釉瓷碗

宋

口径 16.4 厘米，底径 6.6 厘米，高 4.2 厘米

许昌市禹州白沙宋墓出土

现藏于开封市博物馆

黑釉瓷盒

宋

口径 12.1 厘米，底径 6.6 厘米，通高 12 厘米

许昌市禹州白沙宋墓出土

现藏于开封市博物馆

开封明代周藩永宁王府

永宁王府遗址位于开封市鼓楼区省府西街。2017 年 7 月，开封市文物考古研究所在配合城市建设的文物勘探过程中，发现了一处重要的明代建筑遗址，整体呈长方形，建筑布局包括东、中、西三处院落。2017 年 7 月至 2018 年 8 月，河南省文物考古研究院和开封市文物考古研究所联合对永宁王府遗址进行发掘，重点揭露了中轴线院落，共完成发掘面积 4000 平方米，出土大量明代琉璃建筑构件，以及陶器、瓷器、木器、骨器、铜器、锡器等各类遗物 1000 余件（套）。主院落地面距现在地表约 5 米。中轴线建筑自南向北共四重三进院落，依次有大门、隔墙、仪门、前厅房、后厅房、花园等。遗址中出土一块明万历四十年（1612 年）“昭代贤宗”木匾额，落款为“永宁王府掌理府事肃溱立”。

该遗址中轴线院落建筑群布局明晰，建筑规模大、等级高，是目前国内已发掘的保存状况最好、遗物最丰富的明代郡王府遗址，也是国内发现的唯一一座按照规制修建的明代早期郡王府，其发掘对研究明代早期郡王府规制具有重要意义。同时，该遗址也是明代末年洪水灾难在地层学上的真实反映。

开封明永宁王府遗址前厅房及月台、甬路

开封明永宁王府“昭代贤宗”匾额

青花高足瓷杯

明

口径 7.7 厘米，底径 3.8 厘米，高 7.3 厘米

开封市明代周藩永宁王府遗址出土

现藏于开封市文物考古研究院

花鸟纹青花瓷碗

明

口径 21.3 厘米，底径 9.8 厘米，高 9.2 厘米

开封市明代周藩永宁王府遗址出土

现藏于开封市文物考古研究院

梅纹青花瓷盏

明

口径 10.2 厘米，底径 3.8 厘米，高 3.4 厘米

开封市明代周藩永宁王府遗址出土

现藏于开封市文物考古研究院

五彩瓷盘

明

口径 13 厘米，底径 7.7 厘米，高 3 厘米

开封市明代周藩永宁王府遗址出土

现藏于开封市文物考古研究院

白釉瓷炉

明

口径 7.4 厘米，底径 5.6 厘米，高 4.5 厘米

开封市明代周藩永宁王府遗址出土

现藏于开封市文物考古研究院

绿釉龙纹琉璃滴水

明

长 38.2 厘米，残宽 28 厘米

开封市明代周藩永宁王府遗址出土

现藏于开封市文物考古研究院

绿釉龙纹琉璃瓦当

明

残长 33 厘米，直径 16 厘米

开封市明代周藩永宁王府遗址出土

现藏于开封市文物考古研究院

绿釉琉璃垂兽

明

首尾长 52 厘米，高 45 厘米

开封市明代周藩永宁王府遗址出土

现藏于开封市文物考古研究院

象棋子（7 枚）

明

直径 4.8 厘米，厚 1.8 厘米

开封市明代周藩永宁王府遗址出土

现藏于开封市文物考古研究院

象棋子“相”

象棋子“包”

象棋子“卒”

象棋子“马”

铜镜

明

直径 13.5 厘米，厚 0.6 厘米

开封市明代周藩永宁王府遗址出土

现藏于开封市文物考古研究院

象棋子“士”

象棋子“兵”

象棋子“帅”

荥阳明代周懿王壁画墓

荥阳明代周懿王壁画墓位于郑州市荥阳市贾峪镇鲁庄村。为配合郑州豫能热电有限公司 2×660MW 燃煤供热机组项目的建设工作，河南省文物考古研究院于 2016 年 7—12 月对其进行了考古发掘。发掘表明，周懿王墓由寝园建筑、主墓、祔葬墓等多部分组成。

周懿王是明太祖朱元璋的曾孙，其父曰周简王，简王父曰周定王，周定王朱橚即周藩始封王，系明太祖第五子，洪武十一年（1378 年）封周王，十四年（1381 年）之国开封，成为河南首藩。周藩自始封至崇祯十五年（1642 年）开封城为水所没、末代王朱恭枵弃国南逃为止，亲王共传袭十一世十三王。

周懿王寝园坐北朝南，由于早期破坏，其范围不甚明确，根据相关遗存的分布情况推测，寝园南北长至少 190 米，东西宽约 100 米。寝园内发现主墓周懿王墓及其祔葬墓和寝园建筑。由于早期破坏，寝园建筑保存不佳，目前仅见享殿建筑基址，根据明代建筑形制，结合发掘资料，并参考其他地区明代王墓建筑形制的基础上，推测周懿王墓享殿形制应是面阔五间以绿色琉璃瓦覆顶的单檐歇山式建筑。东配殿基础被破

荥阳明代周懿王壁画墓发掘现场鸟瞰

荥阳明代周懿王壁画墓外封门

坏较为严重，根据出土遗物初步推测，可能是以灰瓦覆顶的琉璃剪边式建筑。

周懿王墓位于寝园北部，是与其王妃王氏的合葬墓。该墓坐北朝南，由长斜坡墓道和砖券墓室组成，单室玄宫，墓室前部有琉璃瓦覆顶的单檐仿木门楼，门楼两侧为土坯墙，顶端覆以灰瓦。墓门由青砖封堵，分内外两层，其中外侧封门墙底部正中有方形龛，竖置汉白玉描金墓志一盒，根据志文得知，墓主为明代周懿王墓。

墓室因屡次被盗，墓内随葬物品残剩无几。墓室内壁布满彩色壁画，其中顶部和北壁保存较好。顶部画面以云气、花卉、乐器为主要内容，花卉有牡丹、菊花、莲花等；乐器八件，西侧由南向北依次为鼓、钹、笙、拍板，东侧由北向南依次为羯鼓、瑟、铛、横笛。东、西两壁画面基本对称，下部为栏杆、荷花，中部均有三棵菩提树。北壁上部为殿宇，其中正房为庑殿顶，厢房为歇山顶；中部绘有三棵菩提树；下部为彩色云气。壁画色彩以黑、红两色为主，间有青、绿、黄、白诸色。关于壁画内容，整体表现的应该是西方极乐世界庄严圣境。周懿王墓壁画整体具有写意特征，有一定的艺术效果，绘制技法是“墨线成型，色彩成韵”的传统绘画方法，更符合一般百姓的审美要求，应是民间画匠所绘。

祔葬墓分列于主墓左右两侧，南北向排列，左右相向，位如中堂，布局规整。目前共发现祔葬墓 13 座，其中东侧 8 座，由于西侧部分区域被厂房占压，仅发现了 5 座。东侧土洞墓墓道皆向南，土坑墓则坐东向西；西侧祔葬墓皆坐西向东。部分墓葬足端壁龛中放置铅锡制作的供器，多寡不一，形制有别。丰富者有香炉、烛台、灯台、贯耳瓶、水壶、执壶、浆水瓶、杯、盏、盘、碗、暖锅、箸之类。个别还出土有墓志，已明确身份者如周懿王夫人王氏、蔡氏，其他墓葬虽未明确墓主具体为何人，但可以

荥阳明代周懿王壁画墓顶部壁画

荥阳明代周懿王壁画墓北壁壁画部分（临摹）

确定她们应是周懿王的夫人、姬媵或宫人之属。

荥阳周懿王壁画墓是目前国内唯一一座通过正式考古发掘的明代亲王级壁画墓，也是宗室墓葬中时代较早的壁画墓，意义重大；周懿王墓及其祔葬墓的排列方式系国内首见，为研究明代王墓制度提供了全新的材料。该墓的发掘被评为 2016 年度“河南省五大考古新发现”之一。

铜灶

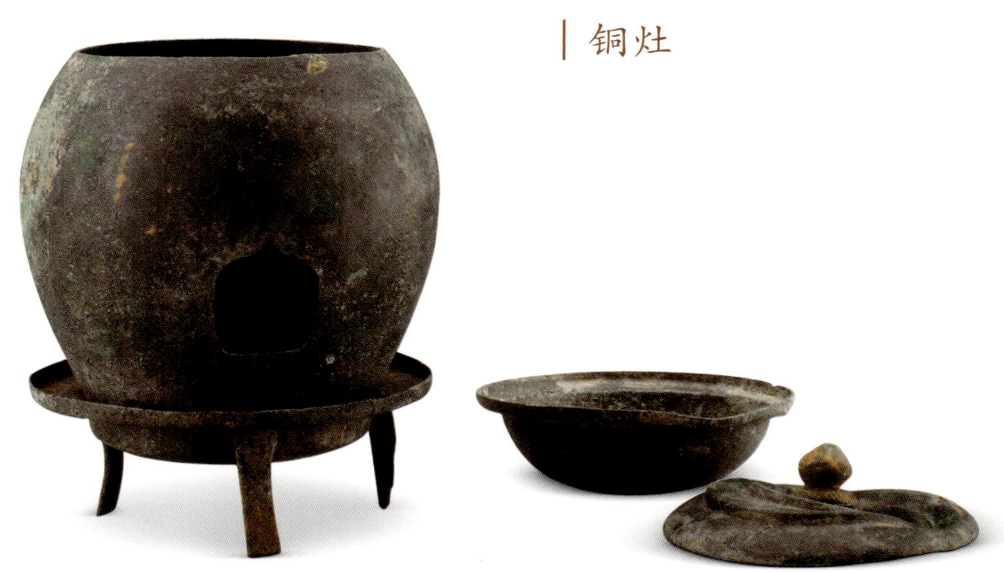

墓顶部壁画摹本

明

现藏于河南省文物考古研究院

10

多学科合作下的考古

多学科合作下的考古

改革开放以来，新的理论和方法不断被应用到中国考古学中。植物考古学、动物考古学、环境考古学及石器微痕分析、玉石器和金属矿物产地研究以及包括加速器质谱仪（AMS）测年方法、植硅石分析、同位素分析、淀粉粒分析、基因研究等在内的多种方法和技术，多学科合作越来越多地应用于考古学研究的方方面面，把中国考古学提升到前所未有的新高度。将遥感、空间地理信息系统、移动实验室等现代科学技术广泛运用到空间数据的采集、遗址的寻找发现、现场文物信息的提取，以及综合信息平台的建设等考古领域，提升了考古田野工作的科技水平和研究成果的科学性、准确性。

以河南省文物考古研究院为例，该院科技考古室成立于2004年，下设动物考古实验室、考古人类学实验室、植物考古与寄生物考古实验室、环境考古实验室、稳定同位素实验室和冶金考古实验室。该院科技考古室与美国哈佛大学、斯坦福大学、华盛顿大学、瓦瑟学院，加拿大阿尔伯塔大学，匈牙利中欧大学，中国科技大学、西北农林科技大学、河南农业大学等国内外高校建立了良好的合作研究关系。动物考古实验室成立于2004年，近年发展迅速，现生动物骨骼比较标本库已有动物种类200多种2000余具，目前是我国动物考古方面收集家养动物比较标本最多的实验室。已完成新安荒坡、淅川沟湾、新郑郑韩故城、荥阳官庄、西周洛邑祭祀遗址和陕西扶风齐家、山西黎城楷侯墓地等26个考古遗址出土动物骨骼的鉴定工作。植物考古研究植物大遗存、淀粉粒、植硅石等植物微体化石；寄生物考古研究古墓葬及特殊遗迹中的寄生物遗存。通过对考古

河南省文物科技保护中心环境扫描电镜及X射线衍射实验室

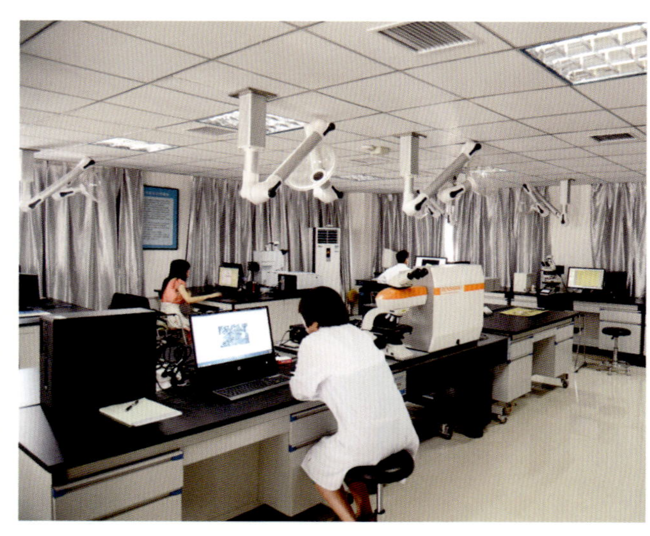

河南省文物科技保护中心显微镜及拉曼色谱实验室

河南省文物科技保护中心有机实验室

河南省文物科技保护中心无机实验室

墙体化学保护实验

遗存的分析，获得与古代人类食物来源、卫生健康、生业模式以及社会结构等方面相关的信息，作为传统田野考古研究方法的重要补充，为研究人类历史提供多方面的证据。目前植物考古方面初步建立现生植物种子标本库，拥有现生植物种子标本1000余种。2004年成立的考古人类学实验室人骨标本库现藏有新石器时代早期至明清的古代人骨标本4000余例，已成为国内收藏人骨数量最多、年代跨度最长的人类学标本库之一。考古人类学实验室不仅对河南省自新石器时代至夏商周秦汉唐明清等不同时代居民骨骼进行观察、测量，对种族特征以及营养健康状况进行研究，还运用化学手段对人骨所含微量元素的成分和比例进行分析，从而复原古代人类的食谱及对人群迁徙路线进行判断。稳定同位素实验室2015年筹建，目前拥有整套稳定碳氮同位素分析的样品前处理设备，已经完成阳翟故城、荥阳薛村、郑韩故城、温县陈家沟、淇县宋庄、淅川下寨、信阳城阳城等遗址出土的400余例人骨骼动物骨骼的分析，并对东周到汉代中原地区居民饮食转变、东周时期家畜饲养方式、东周社会阶层与饮食特征、小麦在中国北方饮食中的传播等课题开展了研究，部分成果已经在国际期刊发表或在国际学术会议上展示，引起了积极的反响。环境考古实验室与河南省地理科学研究所开展合作，发挥各自优势，共同开展环境考古。通过对考古遗址内外的人工或自然沉积的分析研究，了解当时人类生存环境，为理解考古学文化的形成及提供科学背景，在此基础上，考察人类及其文化与自然环境的互动关系，理解人类适应自然环境及其变化的方式，解释不同时空背景下人地关系及其变化，为人类社会应对未来可能的环境变化提供借鉴和参考。

河南省文物科技保护中心作为河南省最重要的文化遗产保护机构之一，致力于文

提取腹土土样

化遗产的保护、修复和技术人员培训，目前已建成总面积1600平方米的保护实验室与金属文物、石质文物、漆木器文物、陶瓷文物修复室。拥有30余套各类科研仪器设备，其中大型精密设备18套、中小型设备12套，基本满足了各类文物保护研究、修复及教学培训需求。目前已取得由国家文物局颁发的各类文保资格证书，并完成了一批国家或省部级批准的重要科研项目，在出土竹木漆器、金属文物、石质文物、陶瓷器等保护修复领域处于国内先进水平。此外作为河南省文物保护修复的主要培训基地，该中心已经为全省培养了一批具有较强业务能力的专业技术人才。

11

公众考古
与中外合作交流

公众考古与中外合作交流

公众考古活动近年来方兴未艾，中央电视台《考古进行时》《探索·发现》等摄制组也不断在河南进行考古现场的拍摄，国内外媒体对大型考古发掘工地也进行了持续的系列报道，引起社会广泛关注。各单位也积极开展文物法律法规的宣传，不断提高市民文物保护意识，完善了文物考古研究工作服务社会的功能，实现了由原来的“闭门考古”向“大众考古”理念的转变。

“@河南考古”于2016年底创建，致力于介绍河南省考古业务动态、普及和传播考古知识、宣传文化遗产保护工作，是国内首家省级考古机构官方微博。该平台通过图文形式向社会公众主动公布各考古项目的进展及发现情况，并积极与社会公众开展多种形式的互动，得到了广大网友的认可，也获得了良好的社会反响。目前平台关注者已超百万人，已经成长为具有一定影响力的考古机构官方自媒体，成为宣传河南考古和文化遗产保护工作的重要窗口之一。

郑州市文物考古研究院积极响应中央“让文物活起来”的号召，作为主要创意执行单位，与河南省漫画家协会、河南小樱桃动漫集团有限公司联合开展第四届“天地之中杯”廉政暨文化遗产国际漫画大赛；利用国际博物馆日、文化和自然遗产日开展文化遗产保护宣传活动；与河南小樱桃动漫集团有限公司联合开展“第二届全国考古和文化遗产保护优秀漫画作品展”活动；开展《巩义花地嘴遗址》《新密新砦遗址》宣传片拍摄工作；开展《光象传奇》《牙璋传奇》考古科普片的拍摄工作；发挥考古行业的独特

“早期夏文化学术研讨会”开幕式现场

“汉代城市和聚落考古与汉文化国际学术研讨会”现场

“纪念郑州商代遗址发现 60 周年座谈会”在郑州召开

“2017 年郑韩故城考古新发现座谈会”现场

2018 年“中原地区早期农业科技起源与发展研讨会”现场

“中原古代都城建筑技术研讨会”现场

河南省文物考古研究院在濮阳戚城文物景区举行卫国史专题报告会现场

“2018 年度河南考古新发现公众报告会”现场

“吾乡吾民——南阳考古遗产与文化普惠系列活动”参观毛堂遗址发掘工地

“触摸历史，走进贾湖——舞阳贾湖遗址 2018 年‘文化和自然遗产日’活动”现场

日本奈良文化财研究所所长町田章先生一行考察巩义黄冶窑遗址发掘现场

卢森堡国家历史与艺术博物馆馆长参观河南省文物考古研究院动物考古实验室

日本奈良文化财研究所所长町田章先生（左四）与河南省文物考古研究院合作考察巩义三彩窑址

日本滋贺医科大学教授福田真辅（左）在河南省文物考古研究院研究商代人骨

澳大利亚拉筹伯大学学者来河南省文物考古研究院进行合作考察

作用，积极开展文化创意产品的研发工作，文创如丝绸等制品已顺利完成制作。以大众喜闻乐见的中国画艺术表现形式，与艺术大师合作开展的老郑州民俗风情画创作工作已完成，并在社区、公园等公众场合，向大众进行了展示宣传。同时，创作的作品经过整理后，已委托出版社进行出版发行。

洛阳市文物考古研究院还积极实践公众考古的形式与方法，使考古渐渐走出“象牙塔”，打造公众考古学术沙龙、“我是小小考古家”夏令营等知名文化品牌活动。通过向公众展示考古工作的过程和成果，普及文化遗产保护知识，逐渐成为推动考古成果惠及民众，增强文化自信的一种重要途径。公众考古活动还走进校园、走进课堂、走进考古发掘现场，在中学举办《洛阳人认识“洛阳”》考古知识讲座，连续举办公益大讲堂，面向市民展示最新考古成果。2018 年还与新疆哈密市政府合作，来自哈密的 50 多名优秀中小学生，与洛阳 70 多名优秀中小学生共同参与“我是小小考古家”活动，他们通过笔试、面试筛选而来。中共洛阳市委宣传部、河南省援疆工作前方指挥部、团市委等

“2018 郑州人类骨骼考古国际培训班”圆满落幕

2007 年 7 月“动物考古国际学术研讨会暨《华夏考古》创刊 20 周年座谈会”大会现场

二十余家省市级单位参与，中国文物报、洛阳电视台、哈密电视台及洛阳晚报等多家各级媒体进行跟踪报道，并获得了河南省援疆工作前方指挥部的通报嘉奖。

改革开放 40 年来，随着中国考古界与国外的学术交流迅速增加，河南考古的国际合作空前繁荣，通过与不同国家同行的交流和合作，不断引入新思想、新技术和新方法，新一代考古学家也有不少是从国外留学归来，对中国考古学作出了重要贡献。

20 世纪 90 年代，中国社会科学院考古研究所与美国哈佛大学皮保德博物馆、河南考古研究所的组成中美联合考古队，在河南商丘地区进行考古田野调查和考古发掘工作，发现宋国故城等遗址，这是首个真正意义上的中外合作田野考古项目。多年来，以河南省文物考古研究院为代表的河南考古走出国门，加强与国外考古机构的学术交流，先后与 7 个国家和地区的 10 余家科研单位建立了友好合作关系，通过与国外科研单位广泛的合作，提升了河南考古在国外学术界的影响，如与中国社会科学院考古研究所、澳大利亚拉筹伯大学和美国哈佛大学合作，对巩义市境内伊洛河支流坞罗河和干沟河流域进

2007 年 7 月“动物考古国际学术研讨会暨《华夏考古》创刊 20 周年座谈会”大会现场

2007 年澳大利亚拉筹伯大学动物考古研究人员与河南省文物考古研究所动物考古研究人员进行学术交流

2011 年 7 月加利福尼亚大学洛杉矶校区罗泰教授、哈佛大学傅罗文副教授参观河南省文物考古研究所考古遗址出土动物骨骼库房

“国际动物考古协会第九届骨器研究学术研讨会（2013）”开幕式

来自美国、法国、匈牙利等国的学者参观河南省文物考古研究院动物考古实验室

河南省文物考古研究院专家赴美国华盛顿大学考察访问

河南省文物考古研究院专家在美国拜访张光直先生（左一）

河南省文物考古研究院专家赴日本奈良文化财研究所考察访问

河南省文物考古研究院专家赴日本福冈考察访问

“河南省赴蒙古国联合考古项目启动仪式”现场

行聚落考古研究；与美国圣路易斯华盛顿大学合作研究内黄三杨庄汉代聚落遗址地学环境变迁；连续十多年与日本奈良文化财研究所合作，对巩义黄冶窑址出土唐三彩进行研究，并于2008年在日本奈良举办了“黄冶窑考古新发现展”等。

最近十多年来，河南顺应“一带一路”倡议和“构建人类命运共同体”，组建多个中国考古队走出国门从事考古工作，中国考古学比以往任何时代都更加国际化。

河南省文物考古研究院近年与肯尼亚国家博物馆和蒙古国乌兰巴托大学考古学系分别签订合作协议，分别对肯尼亚吉门基石遗址和蒙古国后杭爱省高勒毛都2号墓地进行联合考古发掘。洛阳市文物考古研究院则与乌兹别克斯坦、塔吉克斯坦签订合作协议，并获得重要发现。郑州市文物考古研究院与中国社会科学院考古研究所联合进行埃及卡

中蒙联合考古高勒毛都墓葬现场照

中国驻蒙古国大使馆文化参赞兼乌兰巴托中国文化中心主任李薇参赞在中国驻蒙古国大使馆接见中蒙联合考古队

中蒙联合考古高勒毛都墓葬发掘现场

中肯联合考古队 2018 年合影

中肯联合考古队员 2018 年野外调查

吉门基石遗址 2018 年发掘现场

吉门基石遗址全景图

尔纳克北部孟图神庙的联合考古发掘研究工作。考古领域的合作与研究加深了中国与周边国家的相互了解，有力推动了“一带一路”沿线国家和地区与中国的文化交流。具体如下：

2017—2019 年，河南省文物考古研究院、洛阳市文物考古研究院联合蒙古国乌兰巴托大学考古学系对蒙古国后杭爱省高勒毛都 2 号墓地进行考古发掘，这是中国考古工作者首次参与发掘的匈奴贵族墓葬，获得了一批重要的考古资料。

2017 年 9 月，由我省考古专家担任领队的中国首支现代人类起源考古队，赴非洲肯尼亚进行考古发掘。中肯双方初步约定，中方考古学家对出土的重要人类化石和新发现的古人类文化遗址有命名权。此前，还没有中国考古学家对境外遗址或出土文物进行命名的先例。此次发掘也标志着中国学者已正式加入了在非洲探索人类起源的“国际考古俱乐部”。

2018 年 5—6 月，洛阳市文物考古研究院与西北大学丝绸之路考古研究中心联合开展了 2018 年度乌兹别克斯坦南部苏尔汉河州北部拜松市拉巴特墓地的考古勘探和发掘工作。出土器物与上半年在拉巴特发掘的墓葬文化面貌相近，填补了这一文化在苏尔汉河谷地区的断缺，苏尔汉河谷地墓地的发现，使得乌兹别克斯坦的拉巴特墓地和塔吉克斯坦贝希肯特的阿鲁克陶墓地与之形成一个较大的片区，为这一文化的研究提供了新的资料。同年 9—10 月，又与西北大学丝绸之路考古研究中心联合开展了塔吉克斯坦南部哈特隆州贝希肯特谷地考古调查和试掘工作。该谷地位于塔吉克斯坦边境地区，2018 年上半年刚刚解除军事管制对外开放，已经近 40 年没有做过考古工作，历史上首次有外国考古队进入该区域。通过对几座墓葬的试掘，初步确认贝希肯特谷地为希腊化时期到贵霜时期的一处重要活动区域，为月氏、贵霜时期的考古研究提供了新的方向。

2018 年 10 月，中国社会科学院考古研究所和埃及文物部签署了《中埃卢克索孟图神庙联合考古项目协议》，中埃联合考古队正式组建，并于同年 11 月 29 日正式启动中埃卢克索孟图神庙联合考古项目现场考古工作，这是新中国成立以来中国考古队首次赴埃及进行考古挖掘。这一中埃联合考古项目由中国社会科学院考古研究所和郑州市文物考古研究院共同承担，在奥西里斯小神殿区成功揭示出第二座奥西里斯小神殿的柱厅，首次揭露出第三座小神殿的整体轮廓，另在孟图神庙西南角与玛阿特神庙相连的区域发现诸多泥砖材质的建筑遗迹。

同时，省内高校也纷纷与国内外科研机构、各大高校开展学术交流。郑州大学考古系与香港中文大学、台北故宫博物院、台湾东华大学、台湾清华大学、中国社会科学院、北京大学、中国人民大学、广西民族大学、国防大学、比利时鲁汶大学等境内外高等院校和科研院所进行多种形式的学术交流。河南大学考古系与白俄罗斯国立大学、澳大利亚悉尼大学、韩国崇实大学签订合作协议，并接收从希腊、泰国、台湾等国家和地区来的学生。

12

河南考古事业发展历程

河南考古事业发展历程

新中国成立后，中国共产党各级党委和各级人民政府极其重视文物保护管理和考古调查、发掘工作。

1950年，河南省成立了文物管理委员会。

1952年成立河南省文化局文物工作队，专门从事田野考古发掘和地上文物的保护工作。

1956年又在洛阳市成立我省第二个文物工作队，1958年两个文物工作队合二为一。

自党的十一届三中全会以后，更加重视文物工作，省政府又成立“河南省文物事业管理局”，大大加强了对我省日益发展的考古事业的领导。

1980年成立了河南省考古学会。

1981年，为了适应我省考古事业发展的新形势，又分别成立了“河南省文物研究所”、“河南省古代建筑保护研究所”和“河南省石刻艺术馆”。

1981年，洛阳市文物工作队成立，是首批获得国家文物局颁发的考古发掘团体领队资格的单位之一。

1986年，洛阳市第二文物工作队成立。

1984年，郑州市文物工作组恢复为郑州市文物工作队，1995年，更名为郑州市文物考古研究所，2006年，更名为郑州市文物考古研究院。

1994年，河南省文物研究所更名为河南省文物考古研究所；2013年，更名为河南省文物考古研究院。

2012年，洛阳市文物工作队和洛阳市第二文物工作队合并为洛阳市文物考古研究院。

1951年和1952年，中国科学院考古研究所在河南省境内先后建立了“安阳工作站”和“洛阳工作站”，分别负责安阳殷墟和汉魏故城与唐代故城的主动考古发掘工作，1959年在偃师二里头遗址建立工作站，负责二里头遗址的主动考古发掘工作；1983年在偃师商城建立工作站，负责偃师商城遗址的主动考古发掘工作。

1976年，郑州大学历史学院增设考古学及博物馆学专业，是较早获得团体考古发掘领队之一，集教学与考古教学实习于一体，为河南及全国培养了大批文博考古人才，据统计，该校考古专业培养的本科、硕士、博士学生达1600余人，毕业学生也散布于世界各地，并且成为考古文博单位的业务骨干。

2015年，河南大学文博系新增考古学专业，也在蓬勃发展。

迄今，我省已拥有文物管理和工作机构40个，从事文物考古的人数已近千人，基本上健全了文物保护管理和研究机构。

历年重大考古发现

1950 年至今：安阳殷墟

1950 年至今：郑州商城遗址

1951—1952 年：禹州白沙宋墓

1952—1953 年：洛阳烧沟汉墓

1954 年：洛阳中州路

1956—1957 年：庙底沟遗址

1957 年：邓州南朝墓

1956—1958 年：信阳长台关楚墓

1958—1959 年：巩义铁生沟遗址

1959 年：安阳隋代张盛墓

1959 年至今：偃师二里头遗址

1959—1960 年：新密打虎亭汉墓

1962 年至今：洛阳汉魏洛阳城遗址

1963 年至今：新郑郑韩故城

1971—1974 年：淅川下王岗遗址

1972—1987 年：郑州大河村遗址

1973 年：南召猿人遗址、洛阳北窑铸铜遗址与贵族墓地

1974—1975 年：禹州钧台窑

1975 年：郑州古荥汉代冶铁遗址

1975—1980 年：登封王城岗

1977 年：裴李岗遗址、淅川下寺楚墓

1978 年：固始侯古堆大墓和陪葬坑

1979—1980 年：淮阳平粮台遗址

1979 年：罗山天湖墓地

1979—1982 年：温县盟书

1981 年：开封明代周王府和北宋皇宫

1983—1987 年：舞阳贾湖遗址

1983 年：光山黄君孟夫妇墓

1984 年：开封北宋州桥遗址

1984—1985 年：巩义北宋元德李皇后墓

1987 年：汝州宝丰清凉寺汝官窑遗址确定

1987—1988 年：濮阳西水坡遗址

1989 年：汝州洪山庙遗址、淅川和尚岭楚墓

1990 年：河南殷墟郭家庄 160 号墓、河南三门峡上村岭周代虢季墓、河南隋唐洛阳城应天门东阙遗址、淅川徐家岭楚墓

1991 年：河南殷墟花园庄商代甲骨窖藏、河南三门峡上村岭西周虢仲墓、河南永城芒砀山汉梁孝王王后墓

1992 年：河南丹江口水库楚国贵族墓、河南洛阳北宋衙署庭园遗址

1992—1993 年：河南西峡恐龙蛋化石群

1994 年：河南郑州市白庄村八里岗新石器时代聚落遗址、河南辉县孟庄遗址、河南永城汉梁孝王寝园

1995 年：河南郑州市北郊西山仰韶文化城遗址、郑州西北石佛乡小双桥商代遗址

1996 年：洛阳妯娌新石器时代聚落遗址、平顶山应国墓地

1997 年：洛阳盆地旧石器地点群、偃师商城小城、新郑郑韩故城郑国祭祀遗址、鹿邑太清宫遗址

1998 年：三门峡小浪底水库东汉漕运建筑基址

1999 年：焦作府城商代早期遗址

2000 年：新密古城寨龙山时代古城、宝丰清凉寺汝官窑遗址

2000—2001 年：鲁山望城岗冶铁遗址

2001 年：禹州神镇钧窑遗址

2003 年：郑州大师姑夏代城址

2004 年：偃师二里头遗址宫殿区

2005 年：鹤壁刘庄遗址、内黄三杨庄汉代聚落遗址

2006 年：灵宝西坡新石器时代大型墓地

2007 年：许昌灵井旧石器遗址、新郑唐户遗址、荥阳关帝庙遗址、洛阳偃师东汉帝陵与洛阳邙山墓群

2008 年：荥阳娘娘寨遗址、新郑胡庄墓地、淅川沟湾新石器时代遗址、南阳楚彭氏家族墓、洛阳宋代富弼家族墓、平顶山文集宋元遗址

2009 年：新密李家沟旧石器—新石器过渡阶段遗址、安阳西高穴曹操高陵、洛阳市林校西周洛邑祭祀遗址、楚长城考古调查、汉魏洛阳城宫城二号宫门遗址

2010 年：新郑望京楼夏商时期城址、禹州瓦店龙山文化遗址、洛阳曹休墓、洛阳隋唐城宫城遗址

2011 年：郑州老奶奶庙旧石器时代遗址、淅川坑南史前遗址、淅川龙山岗新石器时代遗址、洛阳汉魏故城北魏宫城西南角发掘、滑县宋代古船发掘

2012 年：栾川孙家洞旧石器遗址、淅川下寨新石器时代遗址、荥阳官庄西周城址、南阳市夏响铺鄂国贵族墓地、隋唐大运河考古河南段——永济渠黎阳仓遗址和通济渠郑州段

2013 年：河南洛阳新安汉函谷关遗址、舞阳贾湖新石器时代遗址第八次发掘、汉魏洛阳城宫城四号建筑遗址、洛阳衡山路北魏大墓、禹州神垕建业钧都新天地钧窑址

2014 年：郑州东赵遗址、隋代回洛仓与黎阳仓粮食仓储遗址、濮阳戚城龙山时代城址、南阳市百里奚路西汉木椁墓、汉魏洛阳城太极殿东堂遗址

2015 年：洛阳汉魏洛阳城太极殿遗址、灵井许昌人旧石器遗址、洛阳伊川徐阳东周墓地、信阳战国城阳城址八号墓、巩义东区唐宋墓

2016 年：安阳辛店商代晚期铸铜遗址、洛阳西朱村曹魏墓、洛阳汉魏洛阳城太极殿宫院西南角遗址、荥阳明代周懿王壁画墓

2017 年：新郑郑韩故城遗址、洛阳东汉帝陵考古调查与发掘、荥阳青台遗址发掘、二里头遗址宫殿区东北部 5 号基址发掘、宋东京城顺天门（新郑门）遗址发掘

2018 年：栾川龙泉洞旧石器时代遗址、荥阳官庄遗址、义马上石河春秋墓地、汉魏洛阳城北魏宫城及其周边附属遗址、开封明代周藩永宁王府遗址

2019 年：灵宝城烟遗址、淮阳平粮台城址、安阳辛店商代晚期铸铜遗址、济源柴庄遗址、洛阳纱厂西路西汉墓

2020 年：巩义双槐树遗址、淮阳时庄遗址、洛阳伊川徐阳墓地、洛阳白草坡村东汉陵园遗址、隋唐洛阳城玄武门遗址

后　记

新中国河南考古的七十年，是栉风沐雨、砥砺前行的七十年，无数的河南考古工作者为河南考古事业的发展贡献了毕生精力，谱写了新中国河南考古事业七十年辉煌篇章。本书是河南省文物考古界七十年来集体劳动成果的展示，在此向关心和支持河南文物考古事业发展的单位和人们致以最崇高的敬意！

承担本书编纂工作的是河南省文物考古研究院的王瑞雪、孙凯、李世伟和郑州博物馆的汪培梓。本书所涉及的文字资料均来自各考古发掘简报和发掘报告等相关公开资料，所涉及的遗迹图片均由各发掘单位提供，器物照片由郑州博物馆的陈巍、河南省文物考古研究院的聂凡拍摄。由于水平有限，错误在所难免，敬请读者指正。

河南省文物考古研究院的刘海旺院长、资料室李素婷主任在百忙之中通览全稿，提出了不少宝贵意见。《华夏考古》编辑部的刘亚玲女士也参加了本书的校对工作。此外，此书的出版得到了各考古文博单位和个人的大力支持。在此书付梓之际，谨表谢忱！

感谢：

河南省文物局
郑州市文物局
开封市文物局
洛阳市文物局
平顶山市文物管理局
安阳市文物管理局
鹤壁市文物管理局
新乡市文化广电新闻出版局
焦作市文物局
濮阳市文物局
许昌市文化广电新闻出版局
漯河市文化广电新闻出版局
中国社会科学院考古研究所安阳工作站
中国社会科学院考古研究所洛阳工作站
河南省文物考古研究院
河南省文物建筑保护研究院
郑州市文物考古研究院
开封市文物考古研究院
洛阳市文物考古研究院
平顶山市文物局文物工作队
安阳市文物考古研究所
鹤壁市文物工作队
新乡市文物考古研究所
焦作市文物考古研究所

三门峡市文物局
南阳市文物局
商丘市文物局
信阳市文物管理局
周口市文化广电新闻出版局
驻马店市文化广电新闻出版局
济源市文物管理局
巩义市文物和旅游局
兰考县文广新局
汝州市文物局
北京大学考古文博学院
河南大学历史文化学院
长垣县文化广电旅游局
永城市文物旅游管理局
鹿邑县文化广电和旅游局
郑州市古荥冶铁遗址博物馆
濮阳市文物保护管理所
许昌市文物考古研究管理所
漯河市文物考古研究所
三门峡市文物考古研究所
南阳市文物考古研究所
商丘市文物考古研究院
信阳市文物考古研究所
周口市文物考古管理所
驻马店市文物考古管理所
济源市文物工作队
郑州大学历史学院
滑县文化旅游广电新闻出版局
邓州市文化广电和旅游局
固始县文化广电和旅游局
新蔡县文化旅游广电新闻出版局

编者

2021 年 3 月